# 禪定道炬

## 如何修習三昧

金剛上師
卓格多傑
著

修行人，你必須通達禪定三昧所涉的道理，
才能真正的獲得法益，證得禪修道果。
這本絕對是一個具大乘根器，
以修自他平等和自他相換的禪法指導書。

# 金剛上師卓格多傑簡介

卓格多傑仁波切(1955-　)，漢族，香港出生。西元一九七九年香港浸會學院(現名浸會大學)畢業，八三年至八九年任香港考試局佛學科目委員。

曾多次深入康藏，實地考察藏傳佛教。先後追隨寧瑪派安章珠巴活佛、噶舉派卡露仁波切、格魯派達多活佛學密，得無數灌頂傳經引導。遊學期間，得大藏經對勘局布楚活佛、五明佛學院索達吉、著名漢藏學者劉立千先生、何天慧教授及洛珠迦措先生幫助，搜集及校勘多種珍貴手卷及密續，並在紅教法王晉美彭措支持下，在成都、康定、拉薩和蘭州先後成立翻譯中心，著手翻譯寧瑪心髓派法本及典籍，並以第一手資料從事寫作。

九四年四月，安章珠巴活佛蒞港，委卓格多傑為定心寺(桑汀曲寧)住持。同年，成立大圓滿佛教中心，以國際性教授及宣揚大圓滿密法。

▲紅教伏藏超克死亡的本尊法。由爐霍洛吾志麥活佛傳給上師。

▼伏藏祖師兒喜蹉嘉佛母。

▲祖庭安章寺，清乾隆七年（西元一七四二年）建造，在咸豐五年（西元一八五五年），第一世珠巴活佛弘揚大圓滿心髓，始成寧瑪主要寺院。

▶塔公寺大悲觀音。

▲康定跑馬山釋尊像。

▼吉祥天母灌頂多瑪。

▲八變蓮師藏戲描述　蓮花生大師聖蹟。

▼卓格多傑上師與安章寺十八位比丘合攝於經堂。

▲上師與五明佛學院院長索達吉討論佛學。

▼上師與紅教法王晉美彭措攝於色達，法王鼓勵並支持上師將紅教法本及經籍漢譯，利益眾生。

▲上師與漢藏佛教學者劉立千先生。

▼上師與格魯派達多活佛、金剛寺總管格桑昆列法事後合攝。

▲上師與大藏經對勘局布楚活佛。

▼上師與爐霍洛吾志麥活佛。

▲安章珠巴活佛九四年蒞港，委任卓格多傑仁波切爲定心寺住持，並向世界弘揚傳播大圓滿心髓。

▼上師主持公開結緣灌頂。

# 【目錄】

# 序

我為每個皈依弟子都編訂個人的修法時間表，除了四加行外，每日要禪修至少一座。期間弟子對修奢摩他遇到特別多的疑惑，所以我著手寫這本書，指導弟子，其中引用很多高齊天竺三藏那連提耶舍所譯《月燈三昧經》的材料。

本書以淺白文字寫成，適合初機學佛者參考。

定心寺卓格多傑序於香港
西元一九九七年元旦

# I　禪定大寶舟　苦海渡迷津

**⊙上師，有時我很想反問自己，修行成佛究竟有甚麼意義？**

你不若反思生命痛苦的問題。在凡人的生命中，痛苦遍及一切，我們無法阻止它。因爲我們沒有正確明白生起痛苦的根源，所以，我們過去受多少痛苦，現在我們祇可以肯定的是我們仍要繼續受苦。

**⊙痛苦究竟何時才會完結？**

祇有達致止息無明後的解脫或涅槃，痛苦才正式完結。假如我們眞正爲自己找尋快樂，就要以解脫作爲修行的目標。

**⊙我修行密乘已有多年，仍未能解脫。究竟在甚麼地方出了問題？**

解脫的最大障礙就是煩惱障，圓滿覺醒佛果的最大障礙是所知障，要對治煩惱障和所知障，最有效的方法就是體證空性。

**⊙我知道體證空性不是朝夕可及，而且要內心很穩定，竟念要集中才能體驗空性。**

沒錯！穩定內心，使之不會轉動到其他的對象，才能體驗空性，這是傳統「禪定波羅蜜」的訓練。

**⊙上師可否界定甚麼是「愚癡」？**

在傳統經典中無明分成兩類：

1. 純粹的無明，不結合其他煩惱心理狀態，例如無知、誤解、猶疑。「無知」是指我們沒有留意事物的真正狀態，所以我們不知道，又或者我們試圖思考和瞭解它，但卻未明白甚麼是真。「誤解」是當我們試圖思考和瞭解有關事物的性質時，達到某點的認知甚至確信；但事實上我們達致的確認卻並非事物真正的狀況，我們錯誤地理解；例如我們透過心理學認識人有非理性的本能，事實上，人內心真正的狀況是光明清淨的佛性。「猶疑」是我們內心不能決定甚麼是真，甚麼是假；對同一件事，我們猶疑躊躇地想道：「這可能是對，又可能是錯。」這種沒有分辨是非的能力就是猶疑。

2. 和煩惱心理狀態結合，貪、瞋、癡的愚癡。例如在強烈的貪求中，我們陷於混亂，失去了對與錯的軌跡，混淆了善與惡，因而做出了種種令人後悔的過失。

佛陀在《月燈三昧經》說：

體證空性就能斷離愚癡。

## ⊙「三昧」是甚麼？

三昧音譯「三摩地」，意譯是等持。在唯識宗來說屬五別境心所；在密乘的教法中，三昧是高級的禪定境地。

## ⊙我常弄不清楚三昧與奢摩他的分別。

三昧與奢摩他的分別很明顯，奢摩他是「止」，止息一切念慮，收攝精神。進入奢摩他可到達初禪的境界，得到奢摩他的標準是心恆安住一境，並得到身心上的輕安。三昧則包括所有「有心定」，有心定除了初禪外，還包括二禪、三禪、四禪、空無邊處定、識無邊處定、無所有處定和非想非非想處定，其境界層次自比奢摩他高；但是古德都認為要修好奢摩他才會出現三昧。

## ⊙如何修持奢摩他？

這是一個很大的題目。不如我先介紹修奢摩他應有的動機吧！

佛教所有修行都祇有一個目標，就是利益眾生。有位弟子常跟我說：「我今天做了件善事；我修了一個很長時間的法，迴向給眾生，我很有滿足感！」我給了這個答覆：「一個醫生若是為了治好病人之後所得的滿足感，他的努力都祇是為自我服務。」要是修行祇為了自己的滿足感，那麼未免局限在自我中心了。

## ⊙上師，是否說修行切忌執著內心的欲求？

很好，修奢摩他切忌因已離開欲界感官貪求，而執著色界的禪境。

## ⊙請問上師，可否透過密乘儀軌來修奢摩他？

可以，通常在末段，本尊融入自身，最好在再次生起本尊時，修習奢摩他——「止」。

修習奢摩他成功，要靠很多因緣。首先要有靈性的導師，傳承、灌頂對一切修行來說都是必然的；跟著是除去惡行，減輕惡念的障礙；以善行來支持你，作為整個修止過程的資糧；最後是除去一切不善環境，爲禪修外在條件做好準備。

# 2 淨水繞林 禪果豐饒

## ⊙好的禪修環境有何條件？

營做加功修行的有利條件分六方面：

一、居於有利的環境：

1. 一處平和的地方：日間不太多人集結，晚間很少聲響、狗吠聲等。
2. 最好是修行成就者曾居住的地方。

3. 生活日用品，例如食物、用水等，皆易於獲得。

4. 良好的人爲環境：如有相同教派的善知識同住。

二、減少欲求：捨棄俗務，完全將自身奉獻於圓滿覺醒的成就。少欲就是不要渴望擁有比現在更好、更多的東西。欲求會使身、語、意造作更多的活動，而變爲禪修的障礙。

三、生起滿足：對於現在的狀況已感足夠，生起滿足就能減少散亂，尤其在荒僻的閉關茅舍，減少欲求、感到滿足是較重要的。

**⊙我們以那一個標準來釐訂是欲求還是基本需要？**

傳統的阿毘達磨稱渴望一些自己現在沒有的東西爲「欲求」，這些都是俗務。先看看自己現在擁有的東西，滿足地說：「這足夠了。」便能對治不知足。

四、謝絕任何社交活動：一般來說，加功修行期間應避免太多活動。對修行人來說，不與其他人接觸，沒有社交活動是很重要的；因為與太多人接觸或說話會令自己內心不是興高采烈就是情緒低落，這種內心的動盪是修「止」最主要的障礙，要注意自己是否有過多不必要的社交活動。

五、守持戒律：修禪定的人以守持戒律作為基本條件，假若不小心破毀誓戒，便要立刻懺罪，祈望修補。懺罪對修止很有幫助，蓮師吩咐修行人每天修二十一遍金剛薩埵百字明，就能遏止惡行與日俱增；除了金剛薩埵外，〈三十五佛懺悔文〉、大禮拜，都可以防治惡行增加。

六、感官達到八風吹不動的境界：世間八風就是利、衰、毀、譽、稱、譏、苦、樂，這八種能使人內心動搖的情境。如果期望成就奢摩他來獲得更大的聲譽或財富，這是最大的錯誤。

成就奢摩他的心靈已脫離欲界，進入色界。在欲界我們的感官受外境影響，充滿欲求；但到了色界，便超越感官的世界。所以修止成就與追求感官的滿足是矛盾、不能並存的。

**⊙我聽過上師選擇營建閉關中心要擇選地理風水吉地。**

閉關中心四週的地理環境：

1. 閉關中心後有高山可倚，如椅背一般。
2. 閉關中心近前之坡地要低伏，向前逐漸延展升高。
3. 閉關中心應有溪流自遠處蜿曲流來。
4. 閉關中心左右應有兩座山，如腕臂擁抱之狀。
5. 閉關中心前面應預留一片寬坦的草坪。

# 3 法蔭清涼　隨處安身

**⊙具備了無後顧之憂的禪修外在環境後，自身還要有何心理準備？**

忍耐。禪修一定要在不焦慮、不煩躁、心情放鬆下修習，一直堅持到底。

**⊙問題是我們都市人，住在高樓大廈，雖然治安好，食物和藥物供應充足，但我們多祇利用長假期把自己關在家裡禪修。有時我們要忍受鄰居或者街上傳來吵**

**耳的聲音；很多時候我禪修不理想，就是被這些聲音所牽引。**

善哉！當你聽到聲音，就讓它經過；祇聽到它，便釋放它，並立刻回到自己的禪修對象上。久而久之，自己會發覺在整個過程中，不再聽到任何聲音，聲音不再是問題。

## ⊙在禪修過程中，我發覺昏沉和緊張常糾纏自己，不能控制。

修行要明明了了。一天數節昏沉是很嚴重的問題，要立刻補救。如果因睡眠不充足的話，唯一補救的方法是早些入睡。若因失眠導致睡眠不足，便要根查原因；如因為微細氣脈不平衡，睡前塗些藥油在太陽穴，或穿得溫暖些，被袋輕盈些；如失眠情況嚴重，正視自己飲食運動，太瘦弱的便多吃蛋白質豐富的食物。

過度緊張在傳統上我們稱為掉舉，有些人整日想像自己很快成就奢摩他；有些人自驕自傲，以為自己比同門師兄弟快成就；這些都很容易使自己掉舉，產生過大的壓力。禪修時要維持合理的鬆緊平衡，過於強迫自己機械性地觀想，或執行儀軌，這祇會妨礙自己成就「止」。同樣，過於放鬆亦祇會浪費時間。

**⊙怎樣才能維持合理的鬆緊平衡？**

在整個修行過程中，生起平等性和認同態度，如在某節禪修良好和集中，不要產生自滿，否則好的進展立刻停頓。相反的，禪修變差，不能集中，也不要抑鬱。在修行時要接受一切好與壞的境界，保持平等性。

**⊙在禪修中，產生很多平時不出現的影像。**

當修止有所發展，心裡往往會出現一些影像。無論是好是壞，都不要理會它，不要貫注它、分析它，不要老是想著：「這是吉祥成就的兆頭！」不要因看到恐怖的影像致使自己情緒低落與沮喪，祇須讓它們如此生起，如此消失，維持自己的醒覺。

**⊙譬如我每日禪修三座，節與節之間要維持怎樣的心態？**

節與節之間，應讓內心稍爲放鬆，不要理會或牽涉他人的事務。最好看看遠方的景物，天空、山巒、水平線。

相反的，若在休息期間仍強制自己維持嚴格的禪定狀態，這是太緊。另一極端是令自身在多姿多采的節目和活動中迷失，內心復受俗務吸引而分散，這是太鬆。太緊太鬆，都會蠶食從禪修時所獲得的平靜。在鬆緊兩者之間調節平衡，讓自己內心進入鬆弛狀態，又不沉醉於令自己內心散逸的活動。

**⊙在每日三座禪修之間，我聽從上師吩咐反省自己在修持中所得到的清明，反省自己再有無疑慮。**

傳統大德要求我們這樣做，最重要的，便是反省每一件事如何影響自己的內心。假若有件事會對你造成不安，則要停止；假若這件事為你造成清明和寧靜，則可繼續做。

**⊙在尚未深化修止的對話之前，上師有甚麼特別要吩咐的？**

修行密乘的人，尤其是大圓滿，主要考慮，亦極要強調的是對自己根本上師及歷代傳承上師生起尊敬、奉獻和信心。在《月燈三昧經》，佛陀描述了他如何因對娑羅樹王佛具大信心和奉獻，而得到三昧的口訣；之後，他並沒有停止對上師的奉獻。佛陀還解說了他如何獻上最奢華的供品，他怎樣做令上師榮耀的事，他如何迴向功德給一切眾生，希望他們踏上覺悟之路。根據佛意，修習三昧最重要的是對自己根本和傳承上師生起敬信，侍奉他們如佛一般。

**⊙我也有同樣的經驗，大圓滿系統教導了對自己根本上師的誠信、再連同淨化障蔽、積習功德，自然使三昧在自己身上冒生。似乎對自己根本上師欠缺誠信是**

**無法證悟三昧**。

佛陀也是向上師奉獻廣大供養和信心，才得以瞭解和證悟三昧。作爲佛陀的追隨者，踏著他的足印，勤力修習上師瑜伽作爲獲得三昧口訣和體證前行。

# 4 毘盧七支 身如須彌

**⊙慈悲的上師，現在該是談論止正行的時候。**

我再強調一點，修止最好每天三座，每座都應重視生起菩提心和功德迴向，尤其清晨的第一次發心和黃昏最後一次的迴向，基本的情調則放在出離和大悲上。

首先我談談正行的坐姿吧！

一般修定最好的坐姿是雙跏趺，如果難度太大，可以半跏趺坐禪。無論採用那種坐姿，以令自己舒適為原則。

雙手放在腿上，左手在下，右手在上，兩隻大拇指輕輕拈著，當禪定進展良好，自己會發覺兩隻大拇指開始著力地相互壓著，以致關節感到痛楚，因而令自己內心分散擾亂的話，你可以將雙手放在一些很柔軟的東西例如小枕或棉布上，作為支持物。

脊骨應該是筆直端正。通常我們的背脊上部都會稍有彎曲。禪定時，我們要嘗試將它也拉直，正確的姿勢應該是頭部稍向前傾，下頷稍傾後向著頸部。

雙眼微微張開，假若頭部的姿勢是正確的話，雙眼輕柔地注視離自己三尺的地面。

保持牙床和嘴唇的輕柔，舌頭輕輕放在上齶牙齒之後，這個姿勢能夠使自己內心較為穩定，保持著傾向流出來的口沫。

此外，雙膊一般都有升起的傾向，但謹記一定要讓它們放鬆，讓它們放下。

座墊高度要適中，最佳的座墊高度以自己手指量度，合乎「前二後四」的標準。

不要讓自己的坐姿太累，讓身體放鬆，假如你覺察到某個位置很緊，深深地吸一口氣，將緊張狀態與濁氣一起呼出來。任何位置太緊，都祇會造成緊張，令自己感到不適和痛苦，爲自己修行造成障礙。

禪修從開始便要謹慎維持正確姿勢，祇要覺得有少許緊張，縱然很輕微，都要做些事來糾正。要特別留意尾胝骨會自然傾向前，假如不改變這種情況的話，它會令自己全身也出現問題。謹記觀想尾胝骨尤如一枝箭指向地面，並將盆骨縮向前。

## ⊙坐禪的姿勢最重要的一點是甚麼？

背直。背直能夠使身體感受最小的壓力，並使自己坐得較長時間而沒有痛苦或疲倦。使中脈脈道直立，方便氣息自由流動，就能提高內心明明了了和使意識處於穩定的狀態。糾正坐姿可以給予坐禪者活力和提升醒覺。

背直脈直，從而使氣息自由流動能令輕安生起。物質身體的輕安是微細能量在身體流動而產生的舒適感受；當身心變得愈來愈穩定，精神的輕安就會自然生起，毋需作力就出現無比的喜悅。

**⊙輕安出現，祇為修行者帶來一份舒適？**

輕安的功用是糾正障蔽和坐禪時的功能失調。在較高的層面來說，輕安能對治所知障和煩惱障。

**⊙禪定時，我總愛閉上眼睛。**

禪定時雙眼微微張開有助內心的清明。禪定時闔上雙眼似可防止視覺上的分散；但長遠來說，這較難生起明了的內心。張開眼睛還有助對治倦怠和昏沉。

**⊙除了坐姿外，正行還有何止息內心的方法？**

數息。坐姿穩當後，便進入數息階段，依著呼和吸，你可以數至七或二十一。重要的是察看知識性、概念性的內心停息和平靜多少；如果數完二十一次後，內心依然狂野，就可重數一次；相反的，如果內心在數完七次後便告平靜下來，那就毋需再數息。

**⊙上師能否詳細談談數息的技巧？**

將呼吸掌握在自己正知的警覺範圍之內，隨吸入而向下，呼出而向上。初期，你可以數二十一次呼吸，記著要呼吸自然，不可用方法控制它；否則，心間附近的氣脈便會高漲，造成困擾和不安。在禪定的過程中，必須用正知監察自己的身體、內心和呼吸皆處於自然狀態。

**⊙禪定時雙眼微微張開，是否要注視某些東西？**

記著，集中在呼吸，集中的對象祇有一個，就是呼吸，不要注視任何東西。

## ⊙呼吸時將注意力集中在身體那處，鼻、胸、肺抑或臍間丹田？

原始佛教的經典主張要循穩固次序入路，先是依隨呼吸的上和落，技巧純熟了，才把注意力集中在鼻尖；我贊成這個方法。一些禪師可能在初機入門時教弟子集中在鼻尖，我覺得大可不必。

# 5 離諸過失 八大斷行

**⊙我閱讀上師在報章的佛學專欄，曾介紹彌勒菩薩《辯中邊論》教人如何把內心導向禪定對象，有所謂五種過失和八斷行，礙於專欄篇幅期數限制，上師有很多地方祇略言，現在請上師爲我們講解。**

彌勒菩薩提出五種障礙禪修的過失和對治的八種方法。五種過失分別是：懈怠、失念、昏沉和掉舉（墮邊）、不作行、作行。八斷行是安、勤、欲、信，用以對治懈怠；念對治失念；正知對治墮邊；思對治不作行；捨對治作行。

## ⊙我們可以談談懈怠嗎？

懈怠使人從善行分散而執著各種的娛樂。

懈怠通常分爲三種：

1. 引來惡行的懈怠：沉醉於世俗的活動和行爲而令自己離開修止。
2. 懶惰的懈怠：喜愛拖延耽擱。例如爲自己懶惰編説謊話：「我修行已經很好，現在我要小睡片刻，睡醒了再算吧！」
3. 自我貶抑的懈怠：自己找來逃避的藉口，例如「我縱然努力也做不了，又何須困擾！」

無論那種懈怠，它都是被禪定以外的東西或活動所吸引而中斷修行，這是最嚴重的懈怠。

**⊙那麼我們如何用安、勤、信和欲這四斷行對治懈怠？**

我們先談談輕安，輕安是對治懈怠最直接的方法。但是，輕安是較高級的修行人才具備的，對他們來說，當懈怠生起，輕安便直接摧破懈怠。從輕安而得到的喜樂立刻給懈怠寫上休止符，對於那些已成就奢摩他的人，輕安是生起三昧醒覺途中的無比恩賜。

這並非說修行人生起輕安後，懈怠便完全消失，因爲輕安祇有成就修止之後才全面生效。

跟著是勤，勤是堅忍地生起對善的喜悅，勤可以生起輕安，所以也能直接對治懈怠。

欲是對成就和證悟的善面期望，祇有這種欲求，才可生起勤。

信是能清楚憶記禪定的利益和功能的心理活動。

**⊙表面看來，安、勤、欲和信好像有互動的關係。**

這四種對治的方法是交錯而成的。安是懈怠最基本的對治，人如何生起安？主要透過不斷生起勤，甚麼是造成勤的原因？對生起三昧有一個很強烈的善欲，怎樣能生起強烈的欲？透過瞭解禪定的無上功德的信念；而信念則是由於得到「安」這份喜悅而生起。如此循環，每一次亦增強了各別對治方法的力量。

## ⦿在修止的過程中如何區別信心和執著？

假如我們心裡這樣想：「如果我具有奢摩他那多好，多麼偉大。」這樣是將奢摩他看成一種裝飾，這是自我執著。

信心是建基於認識奢摩他的殊勝，信心的焦點是放在奢摩他本身而非追尋光榮或個人的滿足。此外，信心是有澄清的、明亮的、深刻的鑑賞成份，它不單認清奢摩他的殊勝，並且發自內心地要成就它。

## ⦿提到信心，我覺得對自己傳承、派別和教法，具有完全的信心和倚仗是極重要

**的，無論修法或禪定時都能派上用場。**

我們要確信佛陀的教法能改變一切，當然包括三昧；奢摩他教法能使人類脫胎換骨，包括自己的上師，密勒日巴臨終時與弟子的對話很發人深省。當密勒日巴將入滅時，很多弟子圍繞著他，其中一個弟子威仲巴說：

我們聽到你為了修鍊和證悟教法，經歷了艱難曲折的路途，獲得證果後展現不可思議的神力，我們深信你必定不是凡夫俗子，而是某位佛、菩薩的化身。請仁慈地告訴我們，上師是那位佛、菩薩的化身，使我們的信心和奉獻可以日益增長。

密勒日巴回應道：

佛、菩薩的化身，從某一立場來說是相當好的，這表示你們具有純淨認知、奉獻和信心，以及你們能欣賞上師的功德。但從另一個立場來說，視我為佛、菩薩的化身，是很差劣錯誤的作法。它背後隱藏著教法沒有力量，修行教法是沒有成效的涵義。我當然不是佛、菩薩的化身，不過是世俗之人；在俗人中，我更是最低下的。我年輕時，學習黑巫術和用它來對付敵人；我施法造成落雹風暴，摧毀敵人，積習無數的惡業和為自己修行設下障礙。我是個大罪人。因為特別的機緣，使我得遇一位真正具德上師，我能夠獲得真正教法，以精勤熱切的修行來實踐教法。透過上師的加持、自己精進和靠佛法的力量，我的惡業、障蔽和煩惱竟可以完全淨化，而依著淨化的力量我才可以即身達致圓滿覺悟，達致金剛持明的統合狀態。我的成就是依靠上師教導大手印的口訣和修持的力量，並非如你所說，是佛、菩薩的化身。徒兒，相信自力，相信教法；不要迷信，甚至取巧，這是修行人應有的基本品格。

**⊙上師，多謝你諄諄的教導，請開示第二種過失——失念。**

失念的本質是受精神扭曲的影響而缺乏內心明瞭，它能障礙禪定時的集中。

**⊙如何對治失念？**

要使對象集中，主體內心要明瞭，有兩方面要注意。

1. 這是剋就你的對象而言，內心應具備不分散的穩定，它必須透過「念」才可達致。發動「念」，首先要有「念」的對象，它的作用是遠離精神上的分散，而集中在對象上。這個對象是特別由修行者自行設定出來的，如呼吸、佛像、火點、慈悲，這都可以構成一個精神上的影像或對象。集中的意思是指一個具有連續以行者設定的對象作爲焦點的精神狀態，記著這個步驟是將心指向對象。

2. 明瞭的力量：這是剋就內心主體而言，內心瞭解對象時發出清明的力量。內心如果清清楚楚瞭解它的對象，明瞭的力量就會生起。假如修行者內心觀看對象時模糊，那麼他內心便缺乏明瞭；相反來說，禪定者缺乏內心明瞭的力量，對象往往觀得很不清。

## ⊙精神上的影像應該有多大？

一般的情況是愈小愈好，如果辦得到的話，最好如芝麻般大小。如果辦不來，最多也不外如拇指指尖般，原則是愈細小愈有助穩定。

# 6 離沉掉住　心性空明

**⊙我以前坐禪常忽視這一點，祇集中於對象而忽視內心的明瞭，怪不得常出現失念，我必定予以改善。請上師開示墮邊的過失。**

禪定時主體內心有兩大敵人——昏沉和掉舉。同時，主體內心亦有兩大恩人，內心明瞭和內心穩定。昏沉令自己集中的對象變得迷糊，掉舉令自己從集中的對象分散出來。

**⊙上師時常提醒我們，修行密乘，不要祇壓抑或對抗精神上的扭曲，例如憎恨、執著；反而要利用它們，轉化它們。有時我對某人很憤怒，他會異常清楚地在我們內心出現，我就利用這時內心的明瞭和穩定來轉化這種精神扭曲。我坐禪定時有過這樣的經驗：有時坐下來覺得時間很快過去，一下子上師就彈指要我起座；有時覺得很慢，時常想看腕表。**

當內心生起穩定自己祇覺坐了一會兒，出定後，才發覺已比預期超出很多時間。反之，在缺乏穩定時，自己便覺得時間過得很慢。

**⊙如何維持內心的明瞭和穩定？**

必須具備兩種能力才可維持內心的明瞭和穩定，使禪定時集中對象。第一是念，連續維持對對象醒覺的能力；第二是正知，守護和看管整個禪定的過程，出現過鬆過緊便立刻對治。

**⊙看來正知是一個警察，監視著掉舉和昏沉，一旦這對賊兄弟作惡，阻礙禪修，**

**便拘捕它們**。

正知的力量要逐步培養，正如初入行的警察在辦案時不夠老練，年資深的警察祇消一眼早已辨出賊人內心的歹念。

在九住心修止的前五段過程中，正知是要待掉舉和昏沉生起或到生起邊緣才知悉而捕捉它們。

「正知」在第五住心和第六住心時形成，在完成第六住心寂靜時，正知即成就。

「念」的力量在第三住心和第四住心形成，在完成第四住心近住時，念就成就。

在對治掉舉、昏沉時；「念」那份「明瞭」、「穩定」必須緊握著對象。相反的，正知可以隨意或刻意生起，當內心傾向昏沉或掉舉時，就要以正知對治。

念和正知是很有連繫的，祇要念強烈，正知縱然不展現，亦會在附近徘徊。

**⊙如何使「念」強烈？**

如果自己高度重視佛陀的教法和上師靈性的指導、恐懼下墮三惡道，更認識到發菩提心的殊勝功德。那麼，「念」是很容易生起的。

**⊙看來要保持內心明瞭，穩定地集中對象，一定要想方法保持念和正知兩種能力。修數息容易培養念和正知嗎？**

很好，我們如果以呼吸作對象，在數息過程中內心要明瞭，集中在呼吸；如果呼吸的集中對象是放在鼻尖，以後就以鼻尖某點作爲集中點，不要一會兒放在腹部，一會兒又留意肺的起伏。馬鳴菩薩，印度偉大的禪修士及佛教學者就提醒我們，假如自己維持對某一對象的醒覺，這會使自己醒覺並生起穩定。相反的，如果自己四處轉動，從一個對象又跳到另一個對象上，這祇會阻止穩定的生起和令內心疲累。

## ⦿在數息中怎樣對治昏沉和掉舉？

對治昏沉和掉舉有兩種特效藥，但不是分別使用，而是一併下藥，這兩種特效藥一是念，二是正知。「念」的份量要多些，念的焦點放在集中的對象，例如呼吸，內心要明瞭、穩定，有針對性，祇集中在鼻尖；「正知」的份量要少些，正知的焦點放在禪定本身，禪定醒覺的質素，間歇地檢查禪定醒覺是否太鬆抑是太緊；如果「念」已集中在自己的鼻尖，那麼要恰當均勻地把「正知」放在監察醒覺本身。如果把太多時間放在正知，那樣，呼吸的醒覺就反而會遇到障礙。

## ⦿究竟何謂昏沉和掉舉？

昏沉可以定義爲一個向內散逸的心理狀態，它直接的影響是障蔽「明瞭」，間接的影響是障礙禪定成就，屬二十隨煩惱之一。

當自己集中的焦點放在一項自己以前熟識的感官對象，而令內心向外分散，這時就是出現掉舉，掉舉的成因是欲求瞭解對象，屬二十隨煩惱之一。掉舉會障礙修止。

**⊙似乎昏沉和掉舉這一關特別難過。**

難過終要過。主要關鍵不放在昏沉和掉舉這邊，而是內心明瞭的張力；用力不可太鬆或太緊，當用「明瞭」的力過高，就會擾動內心，太低就會生起昏沉。

**⊙上師，有沒有使用明瞭份量的公式？**

完全沒有特定的公式，你要自行決定，找出中道，在昏沉、掉舉的尖峭刀鋒上走過。

**⊙那麼作爲對治昏沉和掉舉的正知，如何起監察作用？**

在五十一心所法找不到正知，它不是心理現象；相反的，不正知出現在二十種隨眠心理內。不正知主要是使人從善行中分散出來，這個傢伙害盡不少初機的修行人，它使我們不明辨身、語、意三門活動的情況。所以正知作用是監察，監視著昏沉、掉舉，特別是內心緊張的讀數，當內心太緊，就要鬆一些，太鬆就要緊一些。

**⊙佛教有一句格言，「最佳的鬆弛就是最好的禪定」，所以我們常爲求內心的穩定，就算發覺有昏沉現象出現，也不嘗試用力，不求「明瞭」，結果睡著了，甚至發出鼾聲！**

昏沉必然缺乏明瞭，它不可能得到證悟，因爲圓滿覺醒時內心是異常地清晰和明確。

初學禪修的人，一定要以「明瞭」及「穩定」作爲前提，當你自己生起明瞭，就會有生起掉舉的傾向，如自己感到它的生起，削減少許「明瞭」，轉求「安穩」，但轉變的準則祇有你自己才可決定。當你進入安穩，又要特別監察著昏沉的生起，要振奮、激勵內心來發展內心的「明瞭」。總之，在禪定的過程中，你要體驗如何達到中道。事實上，修行愈多，才可獲得個中體驗。

# 7 一切現空　遠離邊際

**⊙是否對象非常清晰，就代表明瞭已生起？**

不是，你要清楚是內心明瞭，而不是集中的對象清晰，有時昏沉出現，對象也會清晰。

**⊙昏沉和掉舉是禪修的兩大敵人，究竟在禪修時爲何會出現昏沉和掉舉？**

不能控制感官之門就是造成昏沉和掉舉的原因。舉例來說，自己沉迷於五欲的享受，令自身疲累枯竭。當要禪定時，因爲自己疲累，疲累就會引致昏沉；縱然不疲累，但依戀五欲享受，也會造成執著，到坐下來禪定時，自己的內心將會去到所戀棧的事物上，而虛耗自己的精神，因此導致昏沉。

一般來說，缺乏誠意和身、語、意上的紀律是掉舉的成因。此外，運用不適當的「正知」，亦會助長昏沉或掉舉。

## ⦿上師，對治昏沉和掉舉，還有甚麼忠告？

以我經驗來說，初機禪修者在開始時先要求取得明瞭，當監察到內心明瞭，不要安住下來！下一步是要求真正進入穩定，這時明瞭的質素可能較差，但不要緊，大部分安住在穩定，才一步步攫取明瞭。再上一層，當禪定功力高明，大部分時間花在明瞭，少部分時間花在穩定。

此外，我提議每次禪修時間維持在二十四分鐘，節數由原先三節擴展到六次。二十四分鐘佔二十四小時的六十分之一，這是很好的兆頭。在禪修時若有三次失去集中，便要起座。

**⊙二十四分鐘作爲一節修行時間，是否是不變的？**

對每節時間不必拘泥，如果你內心質素在二十四分鐘之前已減弱，那不如在十五分鐘時便結束該節。

此外，早晨和黃昏內心的質素也會很參差。舉例來說，如因自己在早晨的一節內心質素很好，那麼讓那節稍爲延長，這是沒問題，但這並不代表當天下午，甚至晚上的節數也會坐得一樣的好。

每節禪修的時間要與內心質素協調，有彈性，讓自己醒覺的質素主宰著時間的長短。

**⊙有時我禪修時會失去集中，迷失對象；但我發覺就算分散，也有深淺之分。例如發白日夢，就完全分散；禪修時聽到門鈴或電話的響聲，我覺得自己可以在**

**同一時間處理兩個對象**。

這是重要的一點：掉舉分大種掉舉和微細掉舉。通常我們把修止成就分成九個階段，所謂「九住心」；同樣的，征服掉舉也要分階段。發白日夢是大種掉舉，這時內心完全離開對象，到了他處，通常修行到了第四住心，所謂近住，才沒有大種掉舉，不會迷失對象。聽到電話聲響，是屬於微細掉舉，要到第八住心，專注一趣，才能斷除。

當人已穩固成就第四住心，從此點以後，無論自己何時修習奢摩他，除了吃下變壞的食物，否則是不會完全失去對象。但無論怎樣，要小心監察禪修過程。

## ⊙請上師開示作行及不作行的過失。

由正知辨識到昏沉或掉舉的生起，自己依然袖手旁觀的看著整個過程，而沒有應用對治就是「不作行」。那樣，「不作行」就是一種過失，它的對治就是「思」。

但是，既無昏沉，也無掉舉；自己卻出於習慣而在不必要時運用對治，那是「作行」，也是一種過失。

當昏沉和掉舉都竭盡時，我們不要應用對治，這時要用「捨」。在一般情況下，在專注一趣住心時，「捨」是代替「作行」而成爲修止過程的重心。

# 8 念捨正知　得奢摩他

⊙上師已詳細把修止五種過失和對治開示，請讓我總結好嗎？

當修行人開始禪修，第一項過失是懈怠，使人無法集中，無法禪定，要克服懈怠，應運用四種對治——安、勤、信、欲。

進行禪定時，若自己所犯的是失念，遺忘了禪定對象，不能維持集中，就要以「念」來對治「失念」。

當內心已明瞭，對象已集中，生起的過失將是昏沉和掉舉，自己要以正知

**來對治。**

**因自己不應用對治而令昏沉和掉舉繼續生起，這就是「不作行」的過失，要以作行來克服不作行。**

**當自己離開昏沉和掉舉，在毫不需要下用力對治，而令集中分散，這就是作行的過失，對治作行就是「捨」。**

很好，我再從另一個立場來解釋。

剛開始修習是很難得到穩定，無論對象是甚麼，這時你的主力是培養「念」。

到了修習的第二階段，當「念」變得強烈，大種的散亂和掉舉被壓伏。但大種的昏沉常影響禪定，這時要以正知作對治。

在第三階段，大種的昏沉被壓伏，細微的掉舉和散亂常影響禪修。這時仍要以念來對治，當念增加，更微細的昏沉便出現。

第四階段時，更微細的昏沉被壓伏，因自己慣於運用對治，一時間難於打破這種慣性，便要透過「捨」來對治，這時自己進入第九住心等持。

第五階段當連續生起第九住心，輕安大樂正式生起。

**⊙我們修「止」所做的準備工夫，到這個步驟是否完成？**

基本上，修止到達第九住心——等持，已完成修止；跟著進入初禪、二禪，乃至無色界四禪。

**⊙上師，可否深入些介紹「念」在整個禪修過程中所扮演的角色？**

寂天菩薩舉了一個很生動具體的例子：「在我們修定時，有些想來偷竊的盜賊，有些來搶掠的強盜。這些強盜、竊賊和盜匪就是我們的煩惱、散亂、昏沉、掉舉等等。」

舉例來說，想掠奪他人財富的強盜必會首先估計對象究竟是個怎樣的人。如果他是一個強壯、能幹、聰明和理智的人，內心清明穩定，強盜會想：「我們能夠從這廝偷得東西的機會也不大，還是罷手；否則，自己可能被捕。」相反的，如果那富翁是虛弱無力、疏忽、草率、懶惰和不留心的話，那盜賊就會想：「我們有機會成事。不費力便可搶掠這傢伙。」於是他們在旁監視著等候機會。當機會一來，他們便輕而易舉地將他的財物搶掠一空。

同樣地，一位試圖修鍊三摩地的修行者，如果是小心謹慎、念力強大的話，煩惱是沒有立足之地的；另一方面，如果你是懶散、漫不經意，隨便浪費時間，煩惱就會隨時準備佔據、控制。「念」就是不糊塗草率，內心清明穩定；有了念，煩惱賊就不敢來搶掠你的內心，念在修行上佔很重要位置。

**⊙我聽上師的吩咐專心做四加行，是否要先完成四加行，然後才修習奢摩他。**

兩者可以並進。如果你全部辦妥，奢摩他成就及四加行數目和質素都完成，那實在是很好的開始。

⦿**靜坐時，我內心常受出離和菩提心兩者的矛盾紛擾，如果不理會俗世，那麼便違反大乘救世的誓句；如果入世，修甚麼法也不能集中。**

出離的意思是要你認清世俗的虛妄、無常和痛苦；用這樣的心態來驅使你精進修行。而菩提心是在較高層次來提醒你為何要從這虛妄、無常和痛苦的俗世出離，勤修佛法，獲得解脫，背後的原因是眾生都是六道輪迴父母；我們事實上是沒有你我之分，不忍他們受苦，要依仗佛教的力量把他們救度出來，讓他們醒覺，出離俗世。出離與菩提心不存在矛盾，而是必然地相容。出離與菩提心不是步驟先後不同，而是共存於修行者心內，因應不同環境而有相應的態度，例如有人想與你喝酒消遣，打發時間；你便要以出離心拒絕他，獨自禪修。若有人要你幫忙，你便應放下禪修功課，度化他、幫助他、攝引他。

⦿**我在坐定時，曾有平靜和快樂的體驗，一旦發覺自己處於快樂、寂靜時，自己又分散了。**

當自己恰當地修行，，喜悅自然生起，不須著力，不做甚麼也可維持這狀態。假如你特別注視和理會它，它便立刻離開。好的體驗就像一隻貓兒，當你四處行走時，貓兒就會跟隨在你身邊。但當你停下來，回頭向牠說：「小寶貝，來我這兒。」這時，小貓就會立即走開。所以，不必理會輕安喜悅，祇要繼續禪修，穩定的喜悅將會屬於你。

**⊙上師，昏沉、掉舉和不正知都屬於人類與生俱來的隨煩惱心理作用，修止就可以把這些隨煩惱從內心趕走。同樣的，我從印度大德世親論師的《唯識論》知道尚有很多更厲害的煩惱，禪定是否可以一併去除？**

可以。《大乘五蘊論》說明人的心理作用很複雜，分析起來有五十一種，善良的力量有十一種，分別是信、慚、愧、無貪、無瞋、無癡、勤、輕安、不放逸、捨和不害。負面的就有六根本煩惱，分別是貪、瞋、慢、無明、見和疑和二十種次級的隨煩惱，分別是忿、恨、覆、惱、嫉、慳、誑、諂、憍、害、無慚、無愧、昏沉、掉舉、不信、懈怠、放逸、妄念、散亂和不正知。

**⊙邪惡的力量以較大的比例盤踞著我們的心靈。**

我們如果受煩惱的牽引，便祇能在輪迴中受種種痛苦和傷害。所以我們要設法壓抑煩惱的支配和培育增長內心善良的力量。

祇有禪定才能轉化內心。轉化是在禪定中出現的出離心、菩提心，甚至體證空性所帶來的。當成就阿羅漢果時，禪定更能把煩惱之主俱生無明驅走，帶來更深奧的修行和淨化，而臻於圓滿覺醒。

# 9 九住心境 靜止修一

**⊙上師，可否簡單介紹九住心？**

傳統上禪修者把成就奢摩他的內心變化過程分爲九個階段，稱爲九住心，分別是內住、等住、安住、近住、調順、寂靜、最極寂靜、專注一趣和等持。

**第一是內住**

這時內心受制於散亂，受對境愚弄；既不能連續維持集中，亦不得離開對象；自己的念頭數目增加，內心動盪。事實上，自己念頭並沒有增加，反而是因爲禪定的關係，內心淸醒了，從而察覺念頭的存在。這是一個突破性的發展，自己修習奢摩他之前，根本不注意內心有多少念頭。表面來說，好像自己禪修比修行前的內心更混亂，事實並非如此，祇是自己的注意力經過禪修的訓練而變得更敏銳。

**第二是等住**

這時隨煩惱的散亂開始減少，有一段很短的時間連續內住。內住與等住主要分別是內住根本沒有連續性的醒覺，而等住有很短時間的安住，其餘則有時散亂，有時集中。

**第三是安住**

在前兩段內住、等住中，大部分時間有散亂和掉舉問題出現；但在安住期間，內心很快辨認到散亂和掉舉，迅速把內心重新帶回禪定的對象上。第二和第三層主要分別在連續的長短，等住連續性很短，安住則維持較長的時間。

## 第四是近住

在安住時，禪定對象有時完全因散亂而忘失；在近住時，禪定的內心因著力住於對象上，因此內心不會因散亂而完全抽離對象。同時內心轉為向內，隔離的感覺開始融化，穩定地流向內心而生起「念」。這時內心已無散亂和大種掉舉，所以不可能迷失對象。

## 第五是調順

在近住時遺下一個待解決的問題——內心生起大種的昏沉。而在調順階段，能維持連續的醒覺，並能自然體認殊勝的等持心理狀態，這時對於大種的昏沉，不須用力，便可對治。

## 第六是寂靜

在調順期間，要用力來對治中等的掉舉，在寂靜階段因正知力生起，直接對治中等的昏沉和掉舉。

## 第七是最極寂靜

這階段的特點是要分辨和止息從內心生起的貪求和不快，這是一個重要關口，這時貪欲以掉舉的形式出現，而不快的產生是由於後悔，修行者在腦海中不斷浮現過去的行爲，批判地回望著自己錯失的機會，通常這些會附帶強烈的情緒波動，影響修奢摩他的穩定，成爲障礙。記著這刻已不能改變過去，後悔不過是散亂的一種形態。

在第六寂靜時，微細的昏沉和掉舉仍然出現，生起的是有貪求的掉舉。而在第七最極寂靜時，因爲「正知」力已很敏銳，立刻運用對治，不會沉迷在微細的昏沉和掉舉。就是在意識邊緣的昏沉、掉舉，正知都會覺察它們。

**第八是專注一趣**

在最極寂靜心住是要用力來對治最微細的昏沉和掉舉；在第八專注一趣，仍要著力維持念和正知來監視最微細的昏沉和掉舉。直至到達「捨」，不需要監察的狀態，便進入第九住心。

**第九是等持**

無須應用對治，捨是自然和不著力而完成，因爲自己不再需要自身努力來生起念和正知，祇須坐下來禪定，便能止息一切念慮，收攝精神，將心導於一境。

⊙**我想起上師經常教導我們佛理，時常提到世事因緣和合而生，沒有一刻是不變的。而禪定是要把心導向於專一對境，這個對境應該是變動的，而內心要怎**

**樣才可不動地安住其上？**

禪定的對象並不是指一個靜態的實體或其他東西，它指的是沒有迷失的內心對象。

## ⊙上師可否指示更簡明的去除昏沉、掉舉的方法。

能盡修行者的本份，便在更高層次去除昏沉、掉舉。

## ⊙甚麼是修行者的本份？

一是少欲，知足，減少對感官對象的泥著和幻想。此外，遠離世間八法：苦和樂，讚和譏，得和失，譽和毀，這是修行人應有的基本態度。二是忍辱，能忍辱就可以減輕生命力微細能量的擾動。

# 10 六力串習 內寂止行

**⊙除了念、正知等主體能力外，我們理解、思考的力量，能否幫助我們修持奢摩他。**

傳統上我們有六力貫串九住心。

**第一是聽聞力**

當我們聽聞奢摩他教法，瞭解禪修的本質、功能和利益，以及禪修過程與生起的障礙，它的對治方法等。聽聞力不單祇聽聞教法，還包括瞭解整個系統，它可成就內住。

**第二是思惟力**

透過思惟力，使自己進入等住。因逐漸熟悉修法，重複修習、實踐和運用自己所聽聞的。一次又一次回到對象，才可以生起思惟力。

**第三是憶念力**

憶念力的主要作用是避免對境動搖不定，透過憶念力可使我們進入安住和近住。在安住和近住階段，散亂和掉舉時常出現，令自己忘記了對象。而憶念力對治散亂和掉舉，令內心回到對象上。

**第四是正知力**

正知使自己成就調順住和寂靜住。當內心憶念力穩定在對象上，時間長了，便會因疲累而傾向昏沉。在第五調順住心，大種的昏沉是禪定最大的障礙，昏沉最有效的對治力量就是正知力；在第六寂靜住心，大種的昏沉開始沉降，中等的掉舉和昏沉則會生起，這時要靠內心的正知力擊敗中等的掉舉及監視著昏沉。

## 第五是精進力

精進力才可達致最極寂靜和專注一趣。當自己的正知力很熟練地監視著掉舉和昏沉，但微細的掉舉和昏沉仍可能出現。這時自己要以精進力來推動覺察掉舉與昏沉。當它們在生起的邊際，便用憶念力和正知力消滅它們。精進力能使自己繼續成就第八住。

## 第六是串習力

在專注一趣階段中連續減慢著力，將所耗用的精力降至最少，不須應用對治，相反的，自己要繼續減少著力對治的程度，最後達到無需用力，任運地安住一境，即成就等持。

**⦿當自己完成九住心，可否逆轉地由第九住心一一回溯至本初的內住。**

要測試自己是否已掌握六力及九住心，便應由第九住心回溯至內住，確定自己無誤地掌握其中的技巧，便算成就奢摩他。

**⦿我常懷疑自己推動力不夠，無法令自己從一關過渡到另一關。**

除六力外，還有四種作意，使自己在九住心各階段中發揮推動作用。

1. 力勵運轉作意：以大種的精進推動內住和近住。
2. 有間缺運轉作意：從第三安住、近住、調順、寂靜，至第七最極寂靜，內心均放在對象上，這種作意會間歇被昏沉和掉舉所中斷。
3. 無間缺運轉作意：在第八專注一趣時，因沒有昏沉和掉舉，內心能無間地放在對象上。

4. 無功用運轉作意：到了第九住心，因不需要用力，這種作意稱無功用運轉作意。

# 11 四禪八定 如月無垢

**⊙上師，修成奢摩他是否意味進入初禪？**

當自己成就「止」，完全把內心安住一境時，便逐漸生起覺醒，在三界和九地中，由低層的生命境界逐漸提升到較高層次的領域。

三界是指欲界、色界和無色界，其中欲界是五趣雜生地，是欲、天人、餓鬼、畜生、地獄眾生投生之處。色界四地是離生喜樂地、定生喜樂地、離喜妙樂地和捨念清淨地。無色界四地是空無邊處地、識無邊處地、無所有處地和非想非非想處地。這九地正是透過精神的升進而有不同的存在境界。

離生喜樂地憑藉七種作意才可到達：

1. 了相作意。
2. 勝解作意。
3. 遠離作意。
4. 攝樂作意。
5. 觀察作意。
6. 加行究竟作意。
7. 加行究竟果作意。

定生喜樂地要有三種成就才可達到：

1. 內等淨：有憶念力、內省和平等捨。

2. 從三摩地產生的喜樂。

3. 三摩地。

## ⊙三摩地與奢摩他無論在證果和包涵面來說都有很大的分別。

我們不必對初禪以上的細節花時間討論，我國天臺宗祖師對禪修的造詣很高，他們對三摩地和奢摩他的定義很老實。

三摩地，天臺宗譯為調直定；意義是調息內心的動盪，使曲委變正直，使散亂變安定。

奢摩他：天臺宗譯為調意，調伏意念惡的傾向。

## ⊙中國人心靈都重實際，圓融和生命化。

古代大德對禪定的理論和技巧都很高明，翻譯的坐禪經籍也很多，質素也較好。

# 12 靈山演教　月燈三昧

**⊙我聽說大藏經內有部《月燈三昧經》，不單將佛陀有關禪修及三摩地核心系統化，還廣泛影響藏地坐禪技巧。**

很好，我們依《大正藏》，第十五冊經集部《月燈三昧經》來討論禪修的技巧和三摩地的本質和行相。這本經是南北朝高齊法師那連提耶舍所譯。梵文經名*Samadhiraja Sutra*，直譯爲《等持王經》。

這部經是世尊在王舍城的靈鷲山向一萬名比丘以及一生補處的八

百萬名菩薩所說的。

## ⊙甚麼是一生補處？

一生補處是菩薩修行最高的階位，祇在這最後一生在迷妄的生死世界受障蔽，下一生便成佛；例如彌勒菩薩，他來生便在這世界成佛，屬一生補處菩薩。他們從十方而來到靈鷲山，參加法會，與會者全都成就咒術和飽讀經讀，善於解說般若智慧。菩薩群中有一位名叫月光童子，梵名是Candraprabha，他在過去世以前已懂得供養諸佛，種下很深的善根，並且以慈悲作為使命，終極與大乘精神相應。他在法會中用頌詞讚美和榮耀一切諸佛，跟著從座而起，偏袒右肩，右膝而跪，合掌禮敬向佛說道：

出世圓滿的勝者，請給我機緣，我希望世尊解答我一些疑問。

世尊允肯後，月光童子說：

何法能將諸佛如來，而得增長無邊智？於一切法到彼者，唯願為我善宣說，願說長養我行法，令得修成明利智。深心持戒不毀犯，遠離一切諸怖畏！云何於戒而不棄？云何於慧而不滅？云何安住阿蘭若（指森林，後引申為修行場所）？云何而得增智慧？云何能入勝妙法，樂護禁戒無悔恨？云何於戒而不缺？云何能知有為性？云何得斯三業淨？無染穢心趣佛道。云何能得身業淨？云何能除口意惡？云何得離雜染心？唯願世尊隨問說。（《大正藏》，十五冊，五四九頁）

**⊙月光童子不愧是實修的菩薩，他短短的問題，亦是我修行密乘上的問題，譬如如何奉獻，使諸佛加持？如何使自己有恆心修習，發展般若智慧。自己每日雖戰戰兢兢持戒，但常不慎地犯戒。自己很想靜下來修法，但經不起外界的引**

**誘，終日浪費修行時間。自己在持戒方面做得不好，顧得這邊，那邊又違犯誓句。月光童子問得眞好。**

世尊以過來人的身份，告訴月光童子修行心得。如果有菩薩證得：

諸法體性平等無戲論三昧，就能對衆生起平等心、救護心、無礙心和無毒心。（《大正藏》，十五冊，五四九頁）

上述的問題，就能一一解決。

世尊再說：

若能如是修等心，則得證於平等果，如是法行俱平等，則得足下安平相，修於平等離瞋心，能除一切煩惱覆，以是因緣足下平，故獲足下蓮花色，彼能獨顯於十方，福德光明

遍佛土，既得登於寂滅地，調伏無量諸衆生。（《大正藏》，十五冊，五四九頁）

世尊的意思是如果菩薩具備這種三昧，即獲得覺悟，止息一切煩惱和惡習，諸如貪、瞋、癡、慢、嫉。

跟著世尊臚列了兩百一十種得到諸法體性平等無戲論三昧的功德。而在經文後段，陸續地將這兩百一十種三昧功德列出。

# 13 終極奉獻　求學三昧

**⊙三昧如此偉大，究竟世尊跟隨何人而學得？**

根據世尊回憶，在過去世時曾生爲毘沙謨達王，那時有一位佛名娑羅樹王佛，世尊是跟他學得三昧的。

**⊙娑羅樹王佛怎樣教導世尊？**

且慢，你先學習世尊如何供養上師。

我時為彼無上尊，
建立伽藍滿一億，
純用勝妙大栴檀，
糅以金銀及衆寶。（《大正藏》，十五冊，五五一頁）

首先捨棄錢財，用最名貴的建築材料，爲上師娑羅樹王佛營造一億間道場。

為欲利益諸人天，
是以求於此三昧，
我與妻子俱出家，
持彼佛教無與比。（《大正藏》，十五冊，五五一頁）

爲了學得三昧，自己和妻子都捨棄世俗享受，出家求法。

但誠心祇爭取到上師娑羅樹王佛透露「三昧」些許教法，爲了感動上師娑羅樹王，世尊說：

頭目手足並妻子，
種種珍寶及飲食，
一切財貨無不捨，
為求如是三昧故。（《大正藏》，十五册，五五一頁）

除了世間一切財物，自己的妻子，甚至身體都可奉獻給上師。

**⦿我常以爲顯教跟密乘不同，原來顯教教主釋迦牟尼佛都是對上師絕對奉獻，絕對信仰，才能取得三昧的口訣。尤其我聽到世尊爲取得口訣，甚至連頭顱也可以奉獻。我這樣想，因爲有頭顱，我們才可用眼看、用耳聽、用嘴巴飲食和說話、用腦袋去思想、用鼻孔去呼吸，但頭顱都奉獻給上師了，自己還賸些甚**

麼？

修習密乘的初機佛子，已知道自己最要注重的是對自己根本上師及歷代傳承上師生起尊敬、奉獻和信心。再連同積習功德和淨化障礙，便能使三摩地在我們身上冒升。

在修上師瑜伽時，我們要觀想在自己面前的虛空，出現自己根本上師，在他面前，我們修習大禮拜、供曼達、懺罪、隨喜功德、祈請安住、請轉法輪及功德迴向。一切都以供獻上師爲核心。

**⊙世尊當時是毘沙謨達王，擁有國家最高權力和大量財富，他能獻上億個宮殿給上師。但我們祇是普通受薪工人，用甚麼來供養上師？**

密乘有很多方法，例如我們可以精神上將珍貴的東西獻給自己根本上師，這種布施所積習的功德連同自己的誠心奉獻，上師都會很欣喜。

假如自己具備機緣，上師一定賜予特別的口訣，自身生起誠信和奉獻，必可領悟眞正的禪定狀態。不要以爲自己並非如國王般富裕，便無法像他獻上這許多供品和積習大功德，更無法具備證悟三摩地狀態的緣份。勤修獻曼達，這樣便可積習如國王般廣大的福德。

## ⦿上師，積習福德資糧和生起三摩地，關係密切嗎？

在修行期間，我們會遇上障礙，例如很難得到指引，或者理解教法，甚至自己修行出問題，會使我們無法修持。這都是自己缺乏資糧之故。積習福德可使我們較易遇到具德上師，從而獲得珍貴的教示。我們得到珍貴教示，從而對上師更具信仰，獲得更多三摩地教法。一個不肯奉獻的人，他是不會相信自己的上師；縱然相信，也不會相信教法具有效力；縱是開始修行，也會出現很多障礙。記著祇有積集福德才可完全解決問題。

# 14 入佛三昧　聖道永倡

**⊙其實進入三昧境界，是否一定要通過禪修。**

進入三昧境界，未必是通過禪修，反要具備大乘的願力。世尊對月光童子說：

「堅固行菩薩得阿耨多羅三藐三菩提，則為不難。何況此三昧也。」爾時，月光童子白佛言：「希有世尊如來應正遍知，善能說此堅固之行，為入此三昧法，善說善建立一切菩薩所學，乃是一切如來行處，尚非聲聞辟支佛地，何況外道。世尊，我今當住是堅固行，何以故？我欲如佛所學，我今欲學，我欲知彼阿耨多羅三藐三菩提故。我欲破壞於魔波旬及其眷屬，我欲脫一切衆生苦！」（《大正藏》，十五冊，五五九頁）

祇爲個人解脫而修法，爲求得上師傳承解脫之法而生起大信和奉獻，雖然亦算正面，但卻有限和狹隘，未有菩薩的廣大胸襟。修習佛法應以利益衆生爲目標，使這些衆生得到快樂和遠離痛苦。

**⊙在《月燈三昧經》中，佛陀有否簡單直接地談過如何修持三摩地？**

在《月燈三昧經．卷三》中說：

童子！云何顯示？所謂於一切法起平等心，無有彼此無有分別，無無分別；無造無起無生無滅，一切妄想分別、憶想、起想皆悉斷除，心所攀緣意所思作，及諸假名皆亦斷除，亦斷一切諸惡覺觀，於陰界入無有自性，斷貪、瞋、癡……。（《大正藏》，十五冊，五六四頁）

三摩地不單祇用口來說空，而是個人實踐體驗。至於三摩地的狀態是怎樣的，佛陀以過來人的身份來說，三摩地是修證諸法平等性，不能祇對「空」作形式思考，一切都是修行者親自面對眞正法性。通常眞切的證悟三摩地，就能體證構成自身及自身經驗的五蘊、十八界和十二處是無自性。

**⊙三昧就如大海一樣，深靜清涼，但應有很多門徑通到這個大海，請上師開示。**

佛陀在王舍城住了很久，彌勒以他心通懇請佛陀回靈鷲山，自己先行到靈鷲山灑淨，並以花、珠寶佈置大法座，讓佛陀開示教法。佛知道彌勒的心意，於是從王舍城返回靈鷲山，他座於由彌勒變出的獅子座上時，全體菩薩比丘獻上花鬘、香、樂、法衣、幢傘等。

月光童子又問佛說：

菩薩摩訶薩成就幾法？能得如是一切諸法體性平等無戲論三昧。

佛答他這四種法門：

何等為四？一者善學柔軟同住安隱，到調伏地能忍毀辱。見法除慢是為初法，菩薩若能成就如是，便能得是一切諸法體性平等無戲論三昧。（《大正藏》，十五冊，五六八頁）

這段話的意思是菩薩應善與人同，使人與他一起感到舒服。他不應有貪、瞋、癡；而應溫和、仁慈和守戒。具有忍辱，菩薩應能忍受批評、譏諷、嫉妒的說話，不會以憎怒、鬥諍或欺騙來回應，這就是四法之初。

## ⊙第二種入三昧之門徑是甚麼？

經文說：

> 復次，童子！菩薩摩訶薩成就善戒、清淨戒、第一善清淨戒、不濁戒、不缺戒；不穿戒、不雜戒、無定色戒、自在戒；不可呵戒、不退落戒；無所依戒、無所取戒、無所得戒；聖所讚戒，智所讚戒。童子是為第二；菩薩具足是法，能得一切諸法體性平等無戲論三昧。（《大正藏》，十五冊，五六八頁）

戒，梵文叫「尸羅」，意思是寧靜和安詳。依此引申清涼、清新和得蔭護的特質。世尊的意思是無論我們出家或在家，我們的行爲也應是清淨、溫和、守戒，與人和平相處。我們自心被貪、瞋、癡煩惱所震盪，情況好像在火堆中一樣不快和痛苦，沒有和平、沒有安息，祇有透過守戒，才能使我們得到安靜祥和，得入三摩地境界。

> 復次，童子！菩薩摩訶薩深怖三界起驚畏心，厭離三界起不染心，不著三界起逼惱心，為脫三界苦衆生故起大悲心；趣向阿耨多羅三藐三菩提，發大精進心。童子是為第三。菩薩成就如是。能得一切諸法體性平等無戲論三昧。（《大正藏》，十五册，五六八頁）

世尊第三種方法是出離，意思是我們以不令自心留在三界爲目標。一個人如果依戀輪迴，那樣在解脫和覺悟之路來說是殘障者，祇有出離，才能令我們走上三摩地成就。

復次，童子！菩薩摩訶薩求於多聞，無有厭足，為重於法不求財利，為重於智不求名聞，隨聞受持為他廣說顯示其義，以悲愍故不為親屬，菩薩復作是念，云何能令前聽法衆生於無上菩提速得不退轉，是為第四。（《大正藏》，十五册，五六八頁）

佛陀指示第四個通往三摩地的道路，是渴望更瞭解佛法和爭取更全面瞭解佛法。在追尋、發現和完全瞭解佛法後，我們生起與其他衆生分享這種追求教法的強烈願望。我們要以完全純淨的動機或態度爲人開示佛法或助人瞭解教法，離開不善的動機，例如渴求物質的回報，或爲獲得好名聲；我們唯一的出發點是解救他人的痛苦和帶領他們達致圓滿快樂。

**⊙上師，通往三昧大海的第四個門徑，似乎強調弘法師父在弘法利生時的動機要**

純粹。

爲人解說佛法，責任很巨大；不可掉以輕心，否則斷佛慧命，下地獄也彌補不了罪過。相反的，如果以純粹的動機向人解說佛法，例如修證三昧經典，功德便很大。佛在《月燈三昧經‧卷五》說：

若菩薩摩訶薩於此三昧經典，受持讀誦，為他解說如說修行，得四功德。何者為四？一者成就滿足福德。二者不為怨家所壞，三者成就無邊智慧，四者成就無量辯才。（《大正藏》，十五册，五七三頁）

這段經文的意思是表達爲他人解說三昧經典有如下四種功德：

一、得到證悟法性，成爲初地菩薩。

二、不爲怨家所壞。在佛教有四無畏；四無畏有兩層，首層是菩薩的四無畏：

1. 菩薩不忘佛教義利，與別人說法而無畏，這是能持無所畏。
2. 知根無所畏：菩薩觀察衆生的根機，說相應的教法，而無所畏。
3. 決疑無所畏：菩薩善解決他人的疑難而無所畏。
4. 答報無所畏：菩薩善解決他人的所問而無所畏。

四無畏的第二層是佛的四無畏：

1. 一切智無所畏：佛明白地向別人宣稱自己是一切智人。
2. 漏盡無所畏：佛明白地向別人宣稱自己已斷盡一切煩惱。
3. 障道無所畏：佛清楚地向衆人宣稱惑業等障礙不足恐懼。
4. 盡苦道無所畏：佛清楚地向衆人修習斷苦的戒、定、慧，因爲這是菩薩及佛陀所走過的路，所以不足恐懼。

## ⊙那麼功德第三種成就「無邊智慧」是何意思？

三、修持三昧能讓我們了知法性和心性。這些智慧都是我們原本擁有，但不自知的終極眞實。而這種智慧把法界所有因果現象和空性揭示出來，這些都是宇宙內最深奧的祕密。而無邊智慧亦包括了五方面：法界體性智、大圓鏡智、平等性智、妙觀察智及成所作智。

四、成就無量的辯才。我們內心充滿自信，祇要自己再深入修持三昧，我們便可得到圓滿的佛果。這時自己確信因得到佛果，克服煩惱，於是亦如佛一般將這個道理向人展示。

## ⊙證得三昧有甚麼表徵？

成就三昧後，大悲湧現。換言之，當我們證空的同時，大悲亦會出現於這狀態中。

大悲是三摩地的屬性，即是說，我們瞭解心性即佛性，一切衆生從未與佛性分離一刻，但因爲自己未覺醒，於是無止息地輪迴漂泊，使自己飽嚐惡行的苦果。

明白這點，我們將頓然生起對愚癡衆生的大悲。

⊙**這時在三摩地生起大悲，是否會障蔽我們瞭解內心本質的空性**。

在慈悲生起頃刻，空性的精髓赤裸地照耀。當我們明白衆生爲何受苦，這時慈悲的精髓便是空。眞正三摩地的本質應是空和悲的結合。

⊙**大悲是三昧的一個屬性，這點我很有同感。我記得初修行時，上師要我先做四加行，尤其堅持先修大禮拜。當時我意志很薄弱，但每想到輪迴衆生生命脆弱，朝生暮死，內心便生起慈悲，決意修行，那刻做大禮拜，心靈常得甚深靜境。在做大禮拜時，身體各處都很痛楚，仍堅持每天禮拜三百次**。

我們聽聞佛陀過去生犧牲生命的事蹟，例如捨身飼虎，我們佛弟子也要效法佛陀大導師這般犧牲自己的身體和生命。但除了犧牲生命，我們亦可利用人身用於修行奧妙佛法，例如修三摩地，完成自利，將來更廣大地利益衆生。

在修持三摩地中比較重視對佛陀三身的認識，佛對月光童子說：

是以菩薩應知色身及以法身，何以故？諸佛法身所攝非色身也。佛以法身顯現非色身也。（《大正藏》，十五冊，五七六頁）

又說：

若有欲見世間親，
及知佛身云何耶？
於此三昧修習已，
即能知於如來身。（《大正藏》，十五冊，五七六頁）

若要生起無上三昧，人先要對佛生起信心和奉獻。當我們想到佛陀，往往想到的是釋迦牟尼佛那具有三十二相八十種好的色身，他莊嚴的法相最能令我們產生信念和奉獻。但是佛陀說道，不要視如來爲物質的身體，應視如來爲法身。當然，覺悟狀態具備三身，但色身並非眞正的佛，而應視色身爲如來法身的化現。

法身通常包括三個屬性：圓滿的智慧、慈悲和大能。我們在初入門時，見到佛像和經文中所記載佛睿智的說話，內心會生起清淨的信心和誠意。但終極來說，佛陀的功德從何而來？這又回溯到法身。法身是一切智慧、慈悲和大能的眞正來源。

# 15 三勝忍相　衆河入海

**⊙三摩地的動機已說過，我覺得三摩地是一個大海；但通往大海應有一條河流。世尊有否開示這條道路？**

世尊吩咐月光童子學習三法忍。根據經文說三法忍是：第一隨順音聲忍，第二是思惟隨順忍，第三是修習無生忍。

**⊙請上師分別開示。**

隨順音聲忍。根據經文是：

於諸衆生無違諍，口不宣說非益言，常能安住饒益法，是則說名為初忍。（《大正藏》，十五冊，五五六頁）

對一切衆人和氣，不要有意氣之爭，不要說無聊或傷害別人的話，所說的都是令人得益的話語。

知一切法猶如幻，即於此相不取著，能於智中增無減，是故名為初勝忍。（《大正藏》，十五冊，五五六頁）

了知現象所有事物都是虛妄，對種種事物都不執著，知道內心的佛性未因輪迴減少，未因證悟而增加。

諸修多羅已修學，智與善說恆相應，於佛無量智不疑，是則名為初勝忍。（《大正藏》，十五册，五五六頁）

多讀佛經，知道所有佛經直接或間接都祇表達佛智，對佛智慧深信，不起疑惑。

若聞一切善說法，猶如佛說無有疑，能信一切諸佛法，是則名為初勝忍。（《大正藏》，十五册，五五六頁）

如果聽到合乎佛陀心靈，例如三法印的經典，都視爲佛陀金口親說，沒有可懷疑。

於了義經常宣暢，如佛所說而演說，若說我人及衆生，即知方便為引接。（《大正藏》，十五册，五五六頁）

時常向人演說了義及直接指涉佛心的經典，不要害怕別人誹謗質疑你所說的經典，你就扮演著佛陀的角色，演說正法。如果有佛經是充滿思想架構，有種種概念假設，不要排斥，這些經典雖不直顯眞理，但爲方便衆生接受，可作入門。

**⊙隨順音聲忍是第一層法忍，針對的是聽聞慧。請上師開示第二層思惟隨順忍。**

經文云：

種種外道諸異見，
菩薩於彼心無擾，
轉於彼人深悲愍，
是名第二勝忍相。（《大正藏》，十五冊，五五六頁）

外道種種邪見，有些外表包裝得很堂皇，甚至以佛教作標榜，但都不能擾亂菩薩的心思。相反的，菩薩會悲愍他們被邪見所牽引，不分青紅皀白，不明事理，以致走入歧路。

諸陀羅尼來現前，
於總持門無疑惑，
所說語言皆真實，
是名第二勝忍相。（《大正藏》，十五册，五五六頁）

進入第二層法忍，對任何神咒的威力都深信不疑。

假使四大相轉變，
所謂地水火風等，
於佛菩提永不退，
是名第二勝忍相。（《大正藏》，十五册，五五六頁）

行者遇到幻變，或面臨死亡，四大退失，但上求佛道的決心，則永不言退。這是第二層法忍的活動狀況。

世間所有諸工巧，
菩薩悉能善修學，
不見更有勝己者，
是名第三勝忍相。（《大正藏》，十五冊，五五六頁）

行者進入修習無生忍，不祇佛學造詣高，他因禪定力量而令自己智能突出，世間任何科技藝術，一學便知曉。

奢摩他力得調伏，
毘婆舍那山不動，
一切衆生莫能欺，

是名第三勝忍相。（《大正藏》，十五冊，五五六頁）

到了無生忍，止的力量已調伏昏沉、掉舉，使心安住。觀的力量能將世界事物真實面目如如地顯現出來，任何事都瞞不過有無生忍的行者。

所有言說常在定，
行住坐臥恒三昧，
三摩堅固到彼岸，
是名第三勝忍相。（《大正藏》，十五冊，五五六頁）

到了無生忍，修行者無論行、住、坐、臥，與人談話都處於等持狀態；任何外境都不能影響他，直至他到達解脫。

世尊接著以偈頌說明得到第三層修習無生忍的活動狀況，例如擁有神通，能到各方佛土說法；任何人說佛法，他都能領受；在任何地方都能見到佛；能化無量金色身，到無量佛刹說法。在這南贍部洲，諸天及人皆以菩薩視之。在任何有佛法的地方，第三層無生法忍的修行者悉能學到殊勝威儀。無生忍行者眞正的做到世間八風亦不能動搖自心。

# 16 大乘願行　菩提三昧

**⊙討論到此，我覺得修行三昧的入路很多，其實都離不開菩薩行。**

所以《月燈三昧經・卷六》便重新檢定菩薩的行爲和操守。首先，菩薩懂得隨喜，使能速得三昧。經文說：

童子，云何菩薩摩訶薩成就善巧方便？童子，是菩薩摩訶薩，於一切衆生所而起親想，是諸衆生所有善聚而生隨喜。晝夜六時於彼福德而生隨喜緣一切智以緣一切智心於一切衆生所而生福德。是菩薩以此善根速得此三昧。（《大正藏》，十五冊，五八三頁）

佛對月光童子說要待一切衆生如自己親人，沒有嫉妒，隨喜一切衆生的快樂和功德。

嫉妒的煩惱是出於對快樂和喜悅的自私渴求。別人享樂時，自己滿不是味兒地說：「應該是我快樂，而不是他人。」內心的感受總是酸溜溜的。這種嫉妒的心是菩薩修行人必要捨棄的。

佛陀很清楚地說：「在任何時間、環境，我們也要修持隨喜，爲別人種下功德感到高興。修持一顆善良的心，清淨動機，隨喜功德有有助改進禪定。」

## ⊙菩薩行中最有特色的是六度，六度修持與三昧有關係嗎？

當然有關，根據經文，佛說：

童子，是菩薩不捨一切智心行六波羅蜜，所有利益汝當諦聽，當為汝說。童子，菩薩信樂檀波羅蜜者，有十種利益。何等為十？一者降伏慳吝煩惱。二者修習捨心相續。三者共諸衆生同其資産，攝受堅固而至滅度。四者生豪富家。五者在所生處施心現前。六者常為四衆之所愛樂。七者處於四衆不怯不畏。八者勝名流布於諸方。九者手足柔軟足掌安平。十者乃至道樹不離善知識，謂諸佛、菩薩聲聞弟子。（《大正藏》，十五册，五八三頁）

布施波羅蜜的利益有十種，分別是：

**1. 降伏慳吝，所謂布施度慳貪。**

2. 不斷重複善行，習慣慷慨，我們愈能深化這態度，布施功德就能不斷加深擴大。
3. 確保財富可以與人分享，利益整個社會。
4. 因布施的業因，自然感生富貴之家。
5. 所到之處，所有人都喜愛布施。
6. 因爲修持布施，我們所到之處，所遇到的人也會欣賞和喜愛自己。
7. 所到之處，不會受人恐嚇威脅。
8. 嘉名遠播，人皆知自己爲善長仁翁。
9. 自己手掌柔軟綿滑，手心足心表現安平豐滿之相。
10. 修行直至得證菩提前，能遇到善知識加持指導。

佛又說：

菩薩淨戒有十種利益。何等為十？一者滿足一切智。二者如佛所學而學。三者智者不毀。四者不退誓願。五者安住於行。六者棄捨生死。七者慕樂涅槃。八者得無纏心。九者得勝三昧。十者不乏信財。（《大正藏》，十五冊，五八四頁）

佛陀的戒律全與內心的集中、謹慎、正念有關，這些又是靈性修行所必須的，所以要時常小心自己的言行，淨戒有助禪定的進步。守持淨戒有十種利益：

1. 智慧常隨：醒覺的智慧在自己體證中出現。
2. 我們將追隨諸佛守戒的足印。
3. 不會被諸佛、菩薩鄙視和被有識之士批評。
4. 因依從淨戒，我們不會迷失自己的承諾和誓句。
5. 於佛教徒應守的行爲都能做到。
6. 不再生死輪迴。

7. 對追求涅槃的境界鍥而不捨。
8. 離開煩惱。
9. 得三摩地。
10. 對佛法不會失去信心。

**⊙上師，佛陀制訂的戒律既多且嚴，是否可以有選擇地守持戒律？**

最重要的戒律是對心意的戒律。佛陀將聖法依據各自根器而教授，有些可圓滿地守持具足戒，有些可以祇守持居士誓戒。但世尊沒有說過弟子必須守持所有的戒律，祇強調守戒有助於我們內心的穩定。

**⊙守戒本身有彈性，例如我讀過有關十大弟子迦旃延曾往訪一個村落，宣講佛法。村中有位屠夫，迦旃延要他無論怎樣，至少守持五戒中的一戒。但屠夫說：「五戒中最重要的是不殺生，我是屠夫，以殺畜牲維生，不殺生的話，我便沒有工作。」迦旃延答道：「依然有一方法，你祇在日間殺生，自己立誓在**

**晚上不再殺生。」屠夫由此獲得很大的利益。**

愚子，記著不可殺，亦不能教他殺。聖者迦旃延有自己的方便善巧，並有神力調伏眾生。你和我都是普通人，不要因這個故事而妄開殺戒。佛陀的教法，如果用最基本的字詞來總括，我會用「戒殺」，這是善巧教法的最底線，不要自作聰明。

**⊙多謝上師教誨，請繼續開示！**

六度，下一項是堅忍。一個不堅忍的人，本性充滿憎恨，他祇會遇到不少仇恨，結果以暴力、武器解決。佛陀說：

童子，菩薩摩訶薩住於慈忍有十種利益。何等為十？一者火不能燒。二者刀不能割。三者毒不能中。四者水不能漂。五者為非人護。六者身相莊嚴。七者閉諸惡道。八者隨

其所樂生於梵天。九者晝夜常安。十者其身不離喜樂。(《大正藏》,十五冊,五八四頁)

此中非人是指神祇。

## ⊙經文淺白,請上師開示精進的功德?

佛陀說:

童子,菩薩精進有十種利益。何等為十?一者他不折伏。二者得佛所攝。三者為非人所護。四者聞法不忘。五者未聞能聞。六者增長辯才。七者得三昧性。八者少病少惱。九者隨所得食食已能消。十者如優鉢羅花不同於杵。(《大正藏》,十五冊,五八四頁)

其中第十點的意思是指菩薩修行精進,便如生於水中的優鉢羅花漸漸成長，終於修證解脫。

**⊙經文淺白，請上師開示禪定的利益。**

佛陀說：

菩薩摩訶薩與禪相應有十種利益。何等為十？一者安住儀式。二者行慈境界。三者無諸惱熱。四者守護諸根。五者得無食喜樂。六者遠離愛欲。七者修禪不空。八者解脫魔罥。九者安住佛境。十者解脫成熟。（《大正藏》，十五冊，五八四頁）

意思是說禪定的利益有十：

1. **禪定的境界全是生命升進的境界，禪定修好，修行的境界便能層層遞進。**

2. 在現實世界把持得住，隨意濟世行慈。
3. 不受煩惱困擾。
4. 使自己感官及思想不受外境擾亂。
5. 以禪悅爲食。
6. 不受色欲控制。
7. 禪定所獲功德，眞實不空，能得殊勝喜悅。
8. 脫離魔祟的困縛。
9. 安心處於佛行處。
10. 解脫入涅槃。

**⊙請上師繼續開示修持般若的功德！**

佛開示說：

菩薩摩訶薩行般若波羅蜜，有十種利益，何等為十？一者一切悉捨不取施想。二者持戒不缺而不依戒。三者住於忍力而不住衆生想。四者行於精進而離身心。五者修禪而無所住。六者魔王波旬不能擾亂。七者於他言論其心不動。八者能達生死海底。九者於諸衆生起增上悲。十者不樂聲聞、辟支佛道。（《大正藏》，十五册，五八四頁）

世尊說般若功德有十種：

1. 以般若來修布施：因以般若認識到無我的原理，以平等捨來布施，動機純正，亦伴隨有不可思議的力量。

2. 以般若來修持戒，便不會執著事相。持戒最忌一知半解，顧此失彼，但般若智慧能使行者全面持戒而不會欠缺。

3. 以般若智慧修忍辱，則修行者全力放在忍怨方面，而不會覺得有迫害自己，虧欠自己的衆生。

4. 以般若修精進，則修行者除去身體、心靈的局限，不會囿於生命個體。

5. 以般若修禪定，對境沒有泥著執取。

6. 以般若修禪定，因不依於三界，諸魔不能控制。

7. 有了般若，外道任何似是而非擾亂人心的説話，都不能影響行者。

8. 能夠得到解脫。

9. 因爲般若體證空性，對衆生生起悲心。

10. 不會選擇聲聞、緣覺的修法取向。

# 17 善於出離　大悲三昧

**⊙上師，三摩地原來是解脫必經的道路，那麼應如何修持？**

修持三摩地有很多形式，慢一步說，先說修習三摩地的態度。《月燈三昧經・卷二》記載世尊的說話：

童子，是故菩薩摩訶薩愛樂是定者，應當修習最初所行。童子，云何菩薩於此三昧最初所行？童子，若菩薩摩訶薩以大悲心為首。若佛在世，若佛滅後常勤供養。所謂花鬘、末香、塗香、寶幢、幡蓋、音聲、歌舞、作倡伎樂，衣服飲食，病瘦醫藥，以此善根悉以迴向如是三昧，更不志求其餘諸法而供養佛。不求妙色，不求資財，不為生天，不求眷屬，唯念是法。是菩薩尚於法中不見有佛，況復法外而見佛也。是故，童子，是為真供養佛，而亦不見有佛可得，不取我想，不求果報。是菩薩三輪清淨，以花鬘、末香、塗香、寶幢、幡蓋、音聲、歌舞、作倡伎樂、飲食衣服、病瘦醫藥供養如來，迴向阿耨多羅三藐三菩提，以此善根得不思議功德，不思議果報，得是三昧速成阿耨多羅三藐三菩提。

**⊙聽這段經文，好像是講述求取三摩地的態度要三輪清淨，沒有作者、受者及求取過程；最重要的是迴向功德？**

不單止求證三摩地的動機要純正，態度要合乎中道，世尊再回憶自己前生為大力王時，當時有佛名聲德如來，世人祇知以世財供養，又不求解脫，於是聲德如來向他們開示，不要祇貪圖現世五欲的快樂，亦不要祇貪求來世生天的善根；要以取得解脫為目標，要取得最上解脫，便要出家，終極奉獻。大力王會意，便捨棄王位，剃除鬚髮，披剃出家，修成證果。

**⊙這和密乘深思輪迴之苦，生起出離俗世，不作俗務，潛心修行，將內心指向一切眾生的利益，大致相同。**

密乘修行人要作如是想：「我，已具備進入佛陀教法大門的善緣，知道如何才得到快樂及怎樣遠離痛苦之因，我明白甚麼是對或錯，甚麼是好或壞；能夠修行真正佛法，我向著解脫和覺悟邁進。將來，會圓滿廣如虛空的一切眾生願求，保護他們遠離痛苦和安置他們在圓滿快樂之中。」這種態度稱為「完全受持三昧」。

# 18 菩薩捨身 永不退轉

**⊙我讀到佛陀捨身飼虎，以及生前爲忍辱仙人，被歌利王節節肢解。凡人血肉之軀，一定知所痛楚，世尊是否通過三昧，令自己從容就義。**

這是因大悲三昧作用原故。在《月燈三昧經・卷八》有類似的記載：世尊能無數次捨身是受善花月法師的影響，他以忍受刑傷身軀痛楚，無懼死亡來實踐廣大菩薩行。

這段經文由長老阿難揭起序幕：他向世尊問：

世尊！何因緣故，餘一一菩薩行菩薩行，遇截手足及以耳、鼻，或挑目割其身分，於種種苦悉皆忍受，而不退轉於阿耨多羅三藐三菩提。（《大正藏》，十五册，六〇二頁）

佛以這樣例子回答阿難：「如果人的身體正被火燒，受著嚴重痛苦，這時有人對他說應好好地享受五欲樂，他會如何反應？這人在那時候當然無法享受任何欲樂。同樣地，菩薩爲覺悟、實踐菩薩行而面對各種困難、痛苦；他祇知其他衆生如何在六道中受苦，卻不會關心自己的痛苦，這樣，菩薩誓戒就不會退轉。」

佛還說了一個自己前生的故事：往昔有佛名寶蓮花月淨起王佛，出現於世，轉動法輪，在他入滅後過了一段很長的時間，他的教法也將要消失。當時世尊曾投生爲國王，名「勇健得」，他很能幹，擁有無數財富，豐足享樂；在他統治期間，沒有人眞正守持寺院戒律、宣講佛法和修持三昧，佛法瀕臨消失。大部分修行人祇會貪戀名利和財富。這時有一位法師名叫善花月，他弘揚清淨和正確的三昧，他與弟子們隱居山林。一天，善花月法師這樣想：「我們有一個很美好的環境讓我們聽聞、修持和弘揚教法，但這些珍貴教法可以爲無數衆生帶來很大利益。」於是他向衆人宣說：

勿令我止山林中，損減衆生諸善根，彼便往詣勝城邑，

為欲利益衆生故。

他的弟子聽了後試圖阻止他，但善花月堅決地說：「我們不應祇惦記自己個人的利益，應要毋懼艱辛和阻礙，面對命難也要將幸福帶給其他衆生。否則，我們也不能眞正實踐菩薩行！」

善花月立下決定後，他出發來到鄉村、城市，甚至首府，連續六天宣講佛法，利益無數衆生，尤其他將自己最擅長的三昧教導他們；在這六天內，他廢寢忘餐，受了不少苦頭來弘法利生。

第七天，善花月在王宮的花園中說法，正值勇健得王遊賞花園，看到皇后、王子、宰相、大臣齊集與一個比丘問訊學法，內心極爲妒忌，他竟聯想到這毫無權力欲的出家人會篡奪自己的皇位，就連自己的皇后和王子也向他敬禮並恭聽他說話。他叫自己千個兒子去殺了這比丘，但王子竟爲尊敬佛法而拒不從命。這時國王更加恐懼：「兒等尙不受我敎敕，我今獨一而無伴侶。誰復能殺是比丘也。」當時勇健王有一個兇殘成性的旃陀羅，名叫難提，他爲了得到厚賞而聽命殺死善花月，並以利刃割截他的手、足、耳、鼻，並以鐵鈎挑出雙目。

不知甚麼理由，勇健王並沒有因善花月的死去而快樂。他來到花園散心時，竟在路上看到善花月的屍首，很奇怪的是這屍首自「死經七日棄之於道，七日之中形色無變」。於是勇健王知道自己所殺的是一位賢聖僧，犯下很大罪咎，內心無限悔恨，便命人將善花月的屍身放在大堆檀香木上來淨化惡行，爲聖僧建造佛塔，由此令全國上下悉皆生起出離俗世、修持三昧的奉獻信心。

善花用之死帶來很大的震撼，根據世尊在經文中回憶道：

勇健得王我身是，彼昔千子賢劫佛，蓮花上佛花月是。

原來世尊就是勇健得王，受了善花月的啟示：

其王（指勇健得）雖復懺先罪，而不得免昔所作，造斯如是惡業已，死後當墮阿鼻獄，斬截身首及四支，亦復割耳而劓鼻，挑其兩目不可算，無量億劫為欲故，廣造惡業酬盡已，後自剜身施他人，所謂斬頭並手足，捨王及子為菩提，所愛之妻多財產，宮人、綵女、象馬等，車乘、船舫衆妙寶，無量億生為道施。（《大正藏》，十五冊，六〇七頁）

**⊙原來世尊多次捨身是受到善花月菩薩行的感召，我們能得聞佛法，間接是善花**

**月所賜**。

菩薩不計較自己生命的安危，祇要能爲他人帶來很大利益，甚至會捨掉生命。

# 19 三摩地者 寂滅於心

**⊙換言之，在修三摩地之前要具備對上師的誠信和奉獻之心，兼備種種菩薩行。我想請問上師，甚麼是三摩地？**

世尊在《月燈三昧經》中，就很多方面來界定三摩地。經云：

爾時月光童子白佛言：「世尊，所言三昧何者是也？」

佛言：「童子，諦聽諦聽，當為汝說。謂一、能寂滅於心。

二、無所起。三、無和合智。四、棄捨重擔。五、得如來智。六、成佛威力。七、治其欲著。八、滅除瞋恚。九、斷離愚癡。」（《大正藏》，十五冊，五五三頁）

在經文中共列出四十點，但最重要的是前幾項。

**⊙那麼請上師開示第一點，能寂滅於心！**

我們必先介紹「心」，在顯教來說，如唯識宗，「心」有三層，了別、思量和異熟作用；他們介紹「心」的方法，是依認知層面，甚至注意力向外作用時，以歸納方法，加上知識邏輯而建構出心的系統。但在密乘，尤其是大圓滿，大手印以及這部《月燈三昧經》所記載佛祖所提出的「心」的理論，都是指向心的眞正狀態；換言之，是直接地將認知導向心性的內在眞實層面。

大圓滿的教法會要修行者問：「這個心是甚麼，它在那兒？它具有甚麼形態和顏色？它可否被界定爲一實物？」當我們懂得這樣提問，我們都會得到同一個答案：「心沒有形狀及實體，它本自爲空。」有很多人以爲空很奧妙，距離人類認知很遙遠；殊不知，人們祇要看進自己自心，問：「心是何物？」當你無法找著它，這種狀態便是空。

**⊙既然三摩地的狀態是心的眞實狀態，而心的眞實狀態是空；是呈寂滅狀態，那樣，便應沒有生死等有所變化的現象。**

對，既然心本是空，所以三摩地第二個定義便是心無所起，既無連續或無不連續，我們便可放下害怕輪迴的重擔，而重獲心本質爲空的眞諦。三摩地第四個定義便是棄捨重擔。

我們通過修行，進入自心的眞正狀況，眞正瞭解心是何物時，空就清楚地表現和被我們體證。那時，我們體證心本自空，結果是「無法找著任何事物可被定義爲心，不單止我們個人沒有找到自心，就算佛陀也看不到它」。所以心本自空，就關連到心無所起和第三個定義心無和合。

**⊙月光童子請教了佛陀這麼多的問題，世尊都一一答覆，月光童子怎樣報答世尊？**

爲了報答世尊，月光童子回到王舍城家中，趕夜準備美妙食物，整潔家居，盡力莊嚴街道城巷，然後才禮貌地請佛到家中接受供養。

**⊙佛到月光童子家接受供養，月光童子還有甚麼修行上的問題。**

月光童子想世尊解釋「一切法體性」的問題。

**⊙一切法體性是甚麼？**

依世尊的偈是：

諸法但說一，所謂法無相。

所謂一切法，遠離於名，離於音聲，離於語言，離於文字，離於生滅因相、緣相、攀緣相，所謂無相，遠離於相，非心遠離於心而知諸法。

**⊙請上師慈悲開示！**

佛陀教導一切法都是沒有自我實體，提出一切法性空。一切法空的理念，是說明我們在輪迴中所受的苦果和苦因煩惱，這些感受都因沒有實體而可以捨離。

**⊙但在經驗上，我感受到痛苦和煩惱的折磨是如此眞實！**

舉例來說，在黑夜中我們踩著大麻繩便以爲它是蛇，我們立刻驚恐地浮現：「這蛇將會咬我，太危險了，我會受傷或者死亡。」我們那時被恐懼牽引，那種感覺是否也很眞實？但是，大痲繩不是蛇，我們亦未受到眞正的傷害。

同樣地，驚慌、焦慮、痛苦和煩惱全是輪迴的特色，它們並未眞正存在，我們亦難以用特別的方法來解除它們，因爲它們根本沒有實體。尤其重要的，我們要確信通過不斷的修持，一切的痛苦、煩惱、不安，會自行消失，屆時我們必可獲得終極成果。

作爲密乘修行人，修持三摩地時要對心性肯定，外在的事物是甚麼並不重要；因而所有事物在安住三昧時皆空，事物本身在修行過程中扮演不重要的角色，甚至可以說微不足道。

我們祇需看進自己內心，較諸分析事物更重要。看進內心與邏輯歸納的入路不同。它是直接瞭解空性，看進自心和個人如實體驗它的自性空。不要恐懼內心是空，體驗內心空性，便會生起大樂，達到喜悅和寧靜的感覺。

**⊙上師的教示中，雖常常要我們先從心性本空入路；一方面提示我們不可忽略現象界的一切善行。**

對，我們應知道雖然一切事物終極性空；相對來說，一切事物也依因果法則而存在。我們不應以爲善行不會帶來成果，更不應認爲煩惱與惡行不會帶來痛苦。相對地，惡行會生起苦果，善行會生起樂果，所以密乘行者要記著除了淨化障蔽、積習福德、捨棄煩惱的四加行外，一切修行基本上已非特別重要。

**⊙上師，我們透過獻供，大禮拜就可以起作用。別人不明白，便會奇怪幾個動作，不去經營賺錢，那會帶來福德哩！**

任何事物，一切東西和經驗，猶如幻夢、浮影，回響、閃光。雖然諸法性空，現象皆透過緣起來揭示，我們瞭解因果業力，才堅信積習及生起福德的原理。

向那些人解釋業力的運作，包括果報不單在今世發生效力，有些在將來才會出現。

# 20 三昧本質　如來佛性

**⊙我聽到佛陀在定義三昧時前幾個定義都帶一些否定性的字眼，如寂滅、無、棄捨等；是否心是「甚麼也沒有」的空洞？**

非也，心本自空的同時，具備了本自覺醒的能力，這種能力我們稱爲佛性。這種佛性一般被界定爲我們將來覺悟的潛力。佛性是二種智慧在自身內生起的基礎。

第一是如實了知自性的智慧，第二是如實了知一切存在的智慧。

佛性出現在一切衆生的心流，在經文中稱「如來智」，意思是：「世俗仍未如實體證心性的人，依然出現如來本覺。」而這如來本覺是不可思議地具備成佛的威力。

**⊙這就是《般若心經》所說：「是諸法空相，不生不滅，不垢不淨，不增不減。」我們的心性所擁有圓滿覺悟的能力，和眞正成佛時的覺悟心性，是完全一樣，沒有增加或減少。**

在密續中有很多貼切的譬喻，說明一切衆生皆具有佛性。當我們認識心性的本質，並且修鍊它，因而成就。其間我們並非獲得一些以前未出現的新東西，我們祇不過是證悟一些本已存在的、具備不變屬性的東西。

密續中有一則寓言；一個男子在埋有大量黃金寶藏的土地上建了一所茅舍。黃金被泥土和垃圾覆蓋著，這時候黃金沒有履行它的功能，沒有被運用；但是，黃金本身仍是黃金，被發現或運用與否是毫不影響它作爲黃金的本質。

這個男子毫不覺察屋下有黃金，反而挨窮，諷刺的是他根本無須受苦，祇不過他不知道屋下埋有黃金，這是因他無知而受苦。

剛巧一位具備神通的人經過，他見到這貧窮的男子如此淒苦；而事實上，這些痛苦卻並非必然的，實際上他是個大富人。出於慈悲之心，這個修行人對窮男子說：「你忍受著很多痛苦，其實祇要從你房子向地下發掘，就可以打開寶藏，裡面有很多黃金，你再不需要捱窮了。」這個窮男子相信這修行人，並按照他的指引發掘，果然發現寶藏；之後，他就過著富裕舒適的生活。

**⊙上師，這個故事說明了所有衆生原本都具有覺性，與佛陀並無絲毫差異，祇因自己未醒覺才爲自己製造種種障礙，令自己陷入煩惱牽引，輪迴六道，浮沉苦海，一劫又一劫接受不同種類的痛苦和折磨。事實上，我們無須承受這些痛苦，因爲我們內心本質的最基本狀態就是佛性，就是如來本覺，祇是我們未能**

**證悟它。當諸佛看到眾生因顛倒而受苦，覺得他們委實可憐，尤其是眾生受苦並非必然。祇要眾生能醒覺，他們的內心就是佛陀的覺性；甚至，眾生就是佛。所以諸佛急於拯救我們的，是讓我們瞭解自己的心性，好使我們能夠證悟它，成就正覺，捨棄輪迴。上師，這個說法對嗎？**

非常精采。所以我們內心的本質就是「如來智」，有「成佛的威力」。因爲我們尙未醒悟眞實的情況，我們擁有佛性的同時仍經驗著各種煩惱，貪、瞋、癡種種感受。另一方面，證悟到「能寂滅於心」便到達瞭解治其欲者、滅除瞋恚、斷離愚癡這三個定義。

**⊙上師，那些傷害佛教的人也有佛性嗎？**

接受那些有煩惱的人，他們可能傲慢、惡毒、令人憎惡，但這並無任何特別，因爲事實或眞正狀況是：每一眾生都有佛性。在這角度下，眾生雖然被貪、瞋、癡等煩惱障蔽，但他們本自成佛，我們佛弟子整日忙碌何事？都是追隨佛陀的足跡，慈愛一切衆生，視他們爲佛一樣。

與此相關的，如果有些密乘修行人這樣想：「我還是不能成就佛果，我還是不及過去的大師。」逆緣出現，自己即沮喪傷心，但眞實是無須如此，因爲任何人也和佛教大師一樣，具有佛性。既然我們具有同一本性，他們能夠修行成就，我們祇要更加精進和專心實踐，同樣可以做到即身證悟無上成就。朋友們！一同精進，無須沮喪。另外，因爲衆生皆有佛性，所以我們不應捨棄他人。有時我們覺得某些人很無知，又不肯修行佛法，於是輕視他們，甚至不理他們的死活。但是我們要明白那些人跟諸佛、菩薩和我們一樣擁有佛性，如果將自己放在佛、菩薩的行列，我們的質素可能更低，但諸佛、菩薩有捨棄過我們嗎？

# 21 置心三昧　寂息惑亂

**⊙上師，雖然我們知道心的本質是佛性，但貪欲是我最大的毛病，揮之不去，上師慈悲，請解說三摩地怎樣「治其欲者」？**

我們在坐禪時，因未醒悟眞正心性，所以才不安住於三摩地。致使煩惱，諸如貪欲、掉舉來當家作主，支配我們，我們甚至連控制內心的能力也失去。欲望在心內生起時，對自己說：「我的欲望在那兒。」盯著它，我們看不到它以一實體存在於我們之內、之外，或介乎內外之間。既找不著認知的心的存在，亦找不到貪欲的存在，明白這點，貪欲便會失去它的力量。

世俗的貪欲看似具有無比的殺傷力，但我們看清它的本質時，欲求即在自身中解脫。

**⊙有時煩惱擾亂內心時，我常跟自己說：「煩惱是空的，不要理會它。」但煩惱仍然熾熱地牽引我，請上師開示如何透過禪修踢走煩惱？**

煩惱就像明鏡的塵垢，你所用的方法，是將空的概念再加在煩惱之上，具象些說，你再用污垢塗在塵垢上，去不掉塵垢，反使明鏡更骯髒。證空是直接了知在心性潛伏的煩惱。明白心性本空，煩惱便會自我解脫。

除此，我們有很多方法來減輕煩惱的滋擾。例如與煩惱保持距離，因爲我們盲目地受煩惱牽引，自己變得迷亂，以致做出惡行而令自己受苦，每日花些時間深思檢討被煩惱牽引的過失，我們就會對煩惱有所警惕。甚至我們每天都這樣想：「我有不少煩惱，我會憎恨、貪戀、驕慢、嫉妒和愚癡，這是不好的，衹會爲自己帶來無窮的問題，也給他人帶來麻煩。」每天都這樣提醒自己，不涉及煩惱，和它保持更大的距離。

# 22 迴向功德 不可思議

**⊙上師，修習三昧法門，我已聽聞，並願意出離世俗，不作俗務，專修三昧。祈求上師加持，並願把一切功德迴向眾生。**

在《月燈三昧經・卷八》中強調迴向功德，並列出四種迴向：

一者過去諸佛善巧方便，得阿耨多羅三藐三菩提，願我亦得是善方便，以此善根迴向菩提，是名第一迴向。二者於善知識所，聞說如是善巧方便，受持讀誦而修學之，以此方便，令我得成無上菩提。願我長夜恆得值遇，以斯善根而迴向之，是名第二迴向。三者願我所得資財，共一切衆生受用，以此善根而迴向之，是名第三迴向。四者願我己身一切生處得財得法，攝護利益一切衆生，願我常得如是之身，以此善根而迴向之。（《大正藏》，十五册，五九九頁）

**⊙有人質疑功德是否可以轉移，根據因果法則，自作必自受，自作不能他受；功德不能轉移。那麼，迴向又有何作用？**

修密乘的人，必須知道修行有三大先決條件。

1. 爲利益衆生而成就覺悟。
2. 不能執著修行爲實體，以空觀作鑑。
3. 將修持的功德善根，迴向給一切衆生分享。

迴向功德最終的精神是消除「我」的自私，才眞的可以把一切歸給衆生。我們做事總是貪戀著自己努力的成果，認爲成果應由自己享用，爲了消除這種自私和執著「自」、「他」的想法，所以要訓練將善果與他人分享及迴向給一切衆生，這可大大減少我們執著實體，令自私和自我執著消失。利益他人，一切爲別人而做的態度不斷成長，就可減低對自己的執著、依戀；內心變得更溫和。

**⊙那麼，我們修法時，尾段要迴向功德，也是透過積習福德來實現我們的理想。**

這是佛力不可思議的表現，在密乘修法中「難度」最高應算是迴向。一般的修法，祇是個別性積習福德，果報祇多指涉個人的解脫和成佛。在迴向時，我們要觀想由自己修行所得到的一切美好功德也要分給其他衆生。

一般來說，迴向功德需要極大的信念和純淨的動機，才可確保將來我們可以眞正地開放和廣大平等地利益他人。

**⊙有時我將修法的功德迴向給那些患病的朋友，使他痊癒和快樂，但總不一定即時生效。**

利益他人並不會立刻在迴向功德那一剎那展示出來，因果並非這樣直接和立即相連。但最終它的成果也會出現。

**⊙有時我迴向功德的表現很自私，唯恐自己修法功德轉到別人身上！**

迴向功德是用以生起我們的利他心，代替自私執著的「這是我個人的功德，我自身也需要它」。如果有這種自私心理作祟，修任何密法都會變得毫無意義。

# 23 彌旁演說　舊教禪觀

**⊙多謝上師開示《月燈三昧經》。上師的開示，使我們知道修習三昧的前行、性質和與其他修行方法的配合。請上師開示大圓滿教法如何修習禪定？**

寧瑪大德彌旁大師有很多關於成就內在平靜的教示。

**⊙上師可否簡單介紹彌旁大師的生平？**

彌旁大師是寧瑪教法的傳道者，一八四六年生於雅龍河的都動地方。

幼年出家。

**⊙彌旁大師勤力學習寧瑪敎法嗎？**

他很勤力學習寧瑪敎法。十八歲那年，他到卡級地方，世俗現象被轉化，任何經驗都變成空樂的結合，並有很多祕視。

**⊙這時彌旁大師主修甚麼法？**

他特別愛修的是白文殊。

**⊙他在寧瑪傳承中的根本上師是誰？**

他的根本上師是章養淸眞旺波。章養淸眞視彌旁爲自己靈性的兒子，除爲他作白文殊灌頂外，又敎他很多經文傳承。

**⊙根據歷史記載，在彌旁大師年輕的時代，有很多大德轉動法輪，弘揚新、舊派**

**的教義，爲何彌旁大師選擇寧瑪教法？**

以下是彌旁大師偏愛舊教原由的自述：

在我童年時期，有很多新和舊派的出色靈性指導者在世，那時仿似轉動教義法輪的年代。因為上師的仁慈和我喜愛的本尊神祇，經文中艱澀地方完全無須費力便可開解。在我開始學習時，發覺學習新派（指白教、黃教）較易，寧瑪舊派的經文較難理解；這純粹是因為我自己瞭解不足。我認為這些甚深奧妙的覺醒持明傳承的經文，必然藏有真實教理，我對自己看不懂的寧瑪經典沒有一刻懷疑。最後，我的妙觀覺醒智慧變得成熟。當我再檢看它們，發覺所有奧妙要點祇可在舊派（寧瑪）的珍貴傳承中找到，我身內生起至大的確信。同一期間，金剛真實的持明，清真仁波切命我依據自己的傳承編訂一些課本；為了遵從上師的吩咐，為了豐富自己的學識，我編訂了一些經續的教本。當我這樣做的時候，我強調了自己傳承的教義；並在某程度上解說它們。但其他哲理系統的擁護者認為它們是反對的聲音，很多尖銳文章從各方來到。事實上，我寫作的動機是為了滿足自己上師的吩咐，以及希望可以帶來一點利益。到了今天，寧瑪派的教法尤如一盞塗畫的油燈，它不發放光芒了。審查和探究自己傳承派別的哲學體系者實在鳳毛麟角；相反的，大部分純粹抄襲其他派別。除此，甚至在夢中，我從不覺得這種動機是對其他派別的憎恨，或者是自讚毀他，我不覺得羞慚！

**⊙上師，百年前寧瑪大德彌旁大師所說對寧瑪敎法的式微和痛心，與現時我們的尊貴上師的心話好像並無異樣。**

寧瑪教衆要好好反思彌旁喇嘛這番說話。

彌旁大師又說：

我對於批評者的回應是這樣：因為我未獲得最勝者的屬性，我如何能够瞭解所有奧妙的知識！假如我寫著甚麼可以證明是真？甚麼可以證明是偽？透過如來不動的傳承和歷代大成就者的集註，並且透過自身來檢查怎樣是合理，怎樣是不合理，它可能仍然對某些人有利益，雖然我不清楚究竟是誰利益了誰。假若因為我自己的缺乏明瞭和誤會而令甚深奧妙的傳承敗壞，我將關閉自己的解脫之道，又因為自己錯誤的引領，我祇會為它們帶來永恆的毀壞，沒有比這更大的過失。所以，假若有人具備教義之眼，能依據正確的經文和邏輯來反駁我，我將倚賴他們如醫生一樣。

### ⊙他對寧瑪教法有何具體的貢獻？

他寫了三十二册的論著，主要圍繞四個主題：

1. 介紹信心和加持，給初機入門的教示。
2. 批判一般有關知性的疑慮。
3. 介紹解脱之道的奧妙，和如何登岸的起點。
4. 介紹自己修行的經驗，立斷本淨阻礙（澈卻）和任運展示的最勝體證（脱嘎），把掌握現象和行爲作爲佛事和明澈智慧的遊戲，透過徹底提煉氣脈入於「雲聚的字輪，從虛空中爆發」。

### ⊙彌旁大師對寧瑪的教法確有重大啓示。

彌旁大師對寧瑪的教法啓示不祇在他的著作，我覺得還有他對待從俄色喇嘛圓寂前最後的教示：

今天，如果人說真話，則沒有人會聽。人說假話，則每個人也堅信它們是真，所以，我從沒有將這些向他人揭示：「我並非世俗常人，而是一位透過願力而生的菩薩。」現在我這個身體，應要利益教法和眾生，尤其是祕密密乘舊譯派的教法。可惜因為寧瑪巴的福德是如此薄弱無力，我們備受障礙痛苦。在這些條件下，我很難想到可以做些怎樣有利益的事。我已完成了各種集註、論文等；雖然我很希望寫些清晰和詳盡的中觀導引，但體力已不能達到。假如有時間寫好自然智，它將會很偉大，將會毫不偏私地令整個教法重復生氣。很可惜我目前的力量已不能完成。在這衰敗的年代，教法接近毀壞。

為了這個理由，我根本不會再轉世。假若這是一個過去的年代，我能用各種教法好好地利益教法和眾生。但現在這個時候，以教法利益眾生實在很困難。之後，我祇安住於清淨之地，透過願力，勝者永恆生起化現的遊戲，依據他人的需要來訓練他們。

**⊙彌旁喇嘛圓寂前對弘揚神聖教法似乎感到太疲累，對寧瑪大圓滿的弘揚發展很悲觀。**

任重道遠，荷擔蓮師的教法不是一般人可勝任。彌旁大師住世六十七年，於一九一二年六月十四日圓寂。

# 24　心性明淨　無雲空際

**⊙請上師開示彌旁大師成就內心澄明平靜的教示。**

彌旁大師以道歌形式開示上根徒衆達致內心澄明平靜的方法，這方法以「觀」爲主，輔助我前章所說及的「止」。

一

由於內心惡毒致命的情緒貪欲，

導致生命的迷亂和挫折。
修行人啊！分散的扭曲、情欲的根源，
必須被清晰的集中所取代。

## 二

觀想自身面前的影像，
是自己最珍愛的身軀，
分清組成的五蘊，
細看自己的幻身吧！

## 三

肉、血、骨、髓、油脂和肢體，
感覺器官，臟腑和體腔，
糞、尿、毛髮、指甲和寄生蟲，

分辨身體的污穢部分。

四

將這些東西分門別類，
透過思辨和感官，
然後歸類及分析它們
直至不能再分割的極微。

五

找尋任何冒生的貪念，
明白這身軀不外是污穢的部分，
記著它是骯髒的機件或渣滓，
或者是一堆堆的骨頭或膿血。

## 六

在這種觀想停下來的時候。
檢查感覺和思惟的本性，
何等複雜，
何等紛亂！

## 七

視人生的現象是水泡、幻影、魔變，
對它無須戀棧，
讓光明智慧之觀流動，
直至幻影消滅為止。

八

不要試圖延展智慧的光明，
應該向前再檢查另一幻象，
把所有腐朽的認知，
看作無根據的虛假建構，

九

觀看這些沒有根據的虛假建構，
瞭解沒有實體的現象，
祇須剎那間融化，
就是靜慮的正確方法。

## 十

覺察過去的世界已毀滅，
推想現在和將來是不可避免地衰壞，
這樣便發現自己，
正處於在局限和痛苦中。

## 十一

明白一切衆生既有生必有死，
突然而來及孤單地死去。
一切生命形態經歷變化，
發現存在的虛假和短暫。

十二

簡單點，任何存在的形態，
均是無常和短暫的；
透過自心的力量，
使在靜慮中照現。

十三

當各種幻想的欲念生起，
尤如水泡，雲層或閃電般的影像，
讓光明智慧的觀流動，
覺悟直至幻像消失。

## 十四

觀察生命現象的紛擾和複雜，
在流動的每一短暫片刻裡，
找尋痛苦的本性，
連同因歡愉而帶來的連串痛苦，
盡一切能力來靜慮禪修，
身心的虛妄建構是痛苦的基礎。

## 十五

能覺醒這俱生的過失，
甚至不及針孔般大。
它的合成是遠離，
痛苦的玷染。

## 十六

所以，它又被稱為痛苦之源——
污穢的陰溝，冒火的煤坑，
或是一個食人島；
保持這種證悟直至虛妄建構消失。

## 十七

對痛苦最後的觀照，
是找尋這亂雜堆中，
那些被想為「我」的事物；
明白它自性本質為空。

## 十八

尤如瀑流、驟雨，
或一座空屋子，
讓實相保留，
直至它消失。

## 十九

當這證悟消失，
一如以前運用方法來檢查，
找尋一個合適的形像，
有時還要忽略前面的次序。

## 二十

一之又一次地找尋它的意思，
有時可望其他的妄念，
有時則研究自己的虛妄建構，
有時檢查所有局限的存在。

## 二十一

所有貪執皆被斬斷，
簡單來說，排斥所有念頭，祇有這四重程序——
相異，短暫，痛苦和空性；
恒常轉動禪修之輪。

## 二十二

將這瞭解的清淨光芒指向於
任何一種影像之上，
不斷的修行如水流增長，
更勝熊熊的平原之火。

## 二十三

無始以來的輪迴中，
自「我」中心、扭曲、障蔽和分解——
造成妄念和過失之河。
平靜必會取代虛妄。

## 二十四

消耗分散的能量，
對治、檢視內心。
不再生起障蔽的話，
請在平衡中放鬆。

## 二十五

當妄念又恢復活動，
如像以前一樣繼續分析，
時刻保持內心的正知，
和證悟的念。

## 二十六

當內心忘失和煩惱生起，
對它應用這種檢視，
猶如在戰場上，
以利劍指向敵人。

## 二十七

修習意念中的警覺性，
尤如黑暗中的光芒，
了無痕跡，
摧毀傷害性的情緒貪欲。

## 二十八

當我們明白不圓滿，
和如實地瞭解局限的人性，
我們才會體認，
處於彼岸的寧靜平和的絕對清淨。

## 二十九

透過恆常的禪定，
體證一切局限的存在，
身心的短暫性和複雜性，
充滿痛苦和缺乏之真實。

## 三十

內心如果充滿透徹的明瞭，
甚至無須著力，
待視像如幽靈幻覺，
煩惱則被誅伏。

## 三十一

遠離情欲的衝擊，
內心的海洋是平靜和清澈，
與自身已擁有的清淨和諧一致，
在平和及安寧中獲得等持。

## 三十二

以數息使內心專於一趣，
遍佈於敏銳的明觀之中。
這就是灌頂的方法，
通向自利利他之門。

## 三十三

從因緣和合中生起，祇屬幻影，
一切事物都是本初地無生，
基本上是空，沒有實體的基礎，
遠離「一」和「多」的極端。

## 三十四

以不可分割的證悟，
視一切事物為佛樂的源生處，
超越迷亂和寂滅，
圓滿的是從痛苦中出離。

## 三十五

至為清淨和喜樂，
它稱為大主宰者，
這裡真我的屬性，
是無上和出世的。

三十六

阿底、阿魯和瑪哈瑜伽，
大樂和淨空是一起的，
在簡單、明瞭的任運中，
完成修行的道路。

三十七

追隨上師寶的教示，
修習經典和密續，
以及共同道路最初的明淨，
直接揭示大圓滿的傳承。

## 三十八

在「念」的無上道路，
使有局限的迷亂退出，
首先透過考察，
煩惱的反應不再出現。
確定身心的空性，
摧毀三世的貪求，

## 三十九

虛妄和它的痕跡，
消失在空性的解放之中，
把「我」和「我所」分解，
內心的心靈，終被摧毀。

## 四十

不執著任何事物，祇期望悲心，
尤如在天空中的鷗鳥，
無懼地滑翔飛越穿過生命，
佛子到達最高的境地。

## 四十一

在高貴的傳承教法中，
以念來淨化內心，
為平靜和清澈內心作準備，
在成就事業中至為重要！

## 四十二

連續不斷地策勵內心，
透過反省來淨化，
甚至極微細的障礙也覺察，
煩惱了無痕跡消失。

## 四十三

審察有助安詳寧靜。
正如用火來淨化黃金，
變得柔順，輕柔和堪冶，
內心這時遠離欲求，生起大用。

## 四十四

正如經續所說：
向三寶獻供千年的功德，
不如一剎那間，
體證空性和無我。

## 四十五

佛說禪修的教法，
與引導至解脫的八萬四千法門，
價值是一樣的。
禪修等同於無數的經續，
佛子們，將自身奉獻在禪修吧！
你會很容易找到廣大智慧的來源，
迅速達致解脫。

# 四十六

透過這次解說的功德，
喝飲淨化貪欲的甘露，
願受著痛苦的一切衆生，
成就寂靜平和的狀態。

國家圖書館出版品預行編目資料

| |
|---|
| 禪定道炬：如何修習三昧／金剛上師 卓格多傑著. -- 初版. -- 新北市：華夏出版有限公司, 2022.01<br>面； 公分. -- (Sunny 文庫；191)<br>ISBN 978-986-0799-54-5(平裝)<br>1.密宗 2.佛教修持<br><br>226.915 110015291 |

Sunny 文庫 191
禪定道炬：如何修習三昧

著 作 金剛上師 卓格多傑
印 刷 百通科技股份有限公司
電話：02-86926066 傳真：02-86926016
出 版 華夏出版有限公司
220 新北市板橋區縣民大道 3 段 93 巷 30 弄 25 號 1 樓
電話：02-32343788 傳真：02-22234544
E-mail： pftwsdom@ms7.hinet.net
總 經 銷 貿騰發賣股份有限公司
新北市 235 中和區立德街 136 號 6 樓
電話：02-82275988 傳真：02-82275989
網址：www.namode.com
版 次 2022 年 1 月初版一刷
特 價 新台幣 300 元 (缺頁或破損的書，請寄回更換)

ISBN-13：978-986-0799-54-5

《禪定道炬》由金剛上師 卓格多傑同意華夏出版有限公司

出版繁體字版